Doc Childre
Immer dem Herzen nach
Ein Ratgeber für Eltern
Reihe: HEARTMATH – HERZINTELLIGENZ

Doc Childre

Immer dem Herzen nach

Ein Ratgeber für Eltern
Reihe: HEARTMATH – HERZINTELLIGENZ

Unter Mitarbeit von Sara Hatch Paddison,
Dr. Deborah Rozman und Bruce Cryer

VAK Verlags GmbH
Kirchzarten bei Freiburg

Titel der amerikanischen Originalausgabe:
A Parenting Manual. Heart Hope for the Family.
© 1995, Planetary Publications
Erschienen bei: Planetary Publications, Boulder Creek, California 95006, USA
ISBN 1-879052-32-6

Die Deutsche Bibliothek – CIP-Einheitsaufnahme
Childre, Doc:
Immer dem Herzen nach. Ein Ratgeber für Eltern / Doc Childre
[Übers.: Michaela Bach] – Kirchzarten bei Freiburg: VAK Verlags GmbH, 2000
(Heartmath, Herzintelligenz)
Einheitssacht.: A parenting manual
ISBN 3-932098-62-5

VAK Verlags GmbH, Kirchzarten bei Freiburg, 2000
Übersetzung: Michaela Bach
Lektorat: Jutta Orth
Umschlag: Hugo Waschkowski
Herstellung: Himmer, Augsburg
Printed in Germany
ISBN 3-932098-62-5

Inhalt

Stimmen zur Originalausgabe 9
Äußerungen von Erziehungsexperten 10
Äußerungen von Eltern 11
Widmung 12
Vorwort 13

Kapitel 1: Was hat Liebe denn damit zu tun? 17
Liebe und Wahrnehmung 19
Liebe üben 20
Das ABC der Liebe 21
Die einzelnen Schritte der HEART-LOCK-IN-Übung 23
Das Herz verstehen 24

**Kapitel 2: Veränderte Ansichten in der veränderlichen
Welt von heute** 29
Wie sehen die Kinder von heute das Leben? 30
Was sagen die Statistiken? 32
Die Kraft des Herzens 35
Herzintelligenz verhilft zu neuen Perspektiven 38

Kapitel 3: Intuitives Verständnis aus dem Herzen 43
Was ist FREEZE-FRAME? 46
Die fünf Schritte der FREEZE-FRAME-Technik 47
Wie Kinder auf die FREEZE-FRAME-Technik reagieren 56

Kapitel 4: Besser denken, kontrollierter denken 59
Denkprozesse 60
Über andere urteilen 62
Schuldzuweisungen 64
Wie man lernt, das Urteilen zu unterlassen 68

Kapitel 5: So wirkt Stress 71
Eine Stressepidemie 75
Was können Eltern tun? 77
Sie haben die Wahl 78
Wenn der Kopf entscheidet 79
Wenn das Herz entscheidet 81

Mitgefühl 82
Wie man mit Verdrängung umgeht 83

Kapitel 6: Fürsorgliche und überbesorgte Eltern 87
Sind Sie überbesorgt? Prüfen Sie sich selbst! 88
Das wahre Drogenproblem 90
Anpassungsfähigkeit 92
Aufrichtige Fürsorglichkeit verleiht Kraft 95
Alleinerziehende 98
Überlieferte Vorstellungen 100
Frauen und übertriebene Sorge 101
Kopf oder Herz? 103
Verletzte Gefühle und Kummer 104
Echte Fürsorglichkeit für Sie selbst und für Ihr Kind 108

Kapitel 7: Gute Verständigung 111
Kinder und Disziplin 113
Wie Eltern ihre Kinder einschätzen 115
Erziehung mit Herzintelligenz – durch offene Gespräche und
    aufmerksames Zuhören 117
Wie man intuitives Zuhören anwendet 118
Schritt für Schritt intuitiv zuhören lernen 119
Sichtweisen, Handlungsweisen und Konsequenzen 121
Kinder brauchen eine Struktur 124
Ausgewogene Disziplin 128

Kapitel 8: Entwicklungsmuster 133
Naturgesetze und menschliche Entwicklung 136
Einjährige Kinder 140
Zweijährige Kinder 140
Ein FREEZE-FRAME-Spiel für Kleinkinder 141
Dreijährige Kinder 143
Vierjährige Kinder 145
Die FREEZE-FRAME-Technik für vier- bis sechsjährige Kinder .. 147
Fünf- und sechsjährige Kinder 148
Mit dem Herzen zuhören

    und das Herz sprechen lassen 149

Kapitel 9: Kinder zwischen sieben und zwölf Jahren 151
Die Entdeckung der Individualität 152
Die Sichtweisen sieben- bis zwölfjähriger Kinder verstehen 154
FREEZE-FRAME für sieben- bis zwölfjährige Kinder 156
Siebenjährige Kinder 161

Achtjährige Kinder 163
Neunjährige Kinder 163
Zehnjährige Kinder 164
Elfjährige Kinder 165
Zwölfjährige Kinder 166

Kapitel 10: Die Entwicklung zum Jugendlichen 169
Jugendliche in der Statistik 170
Vernünftige Lösungen 173
Dreizehnjährige 176
Vierzehnjährige 178
Fünfzehn- bis Neunzehnjährige 179

Schlusswort 183
Anhang 187
Anmerkungen 187
Über den Autor 189
Über die Mitarbeiter 193

Stimmen zur Originalausgabe

„Eine Methode, die den Erziehungsprozess unterstützt und Hoffnung weckt. Dieses Buch stärkt Eltern, indem es ihnen Techniken an die Hand gibt, die man braucht, um Kraft aus sich selbst zu schöpfen und Orientierung zu finden."
David Katzner, Präsident des *National Parenting Center*

„... einzigartig in der Einfachheit der Darstellung, der Tiefe der Erkenntnis und der Anwendbarkeit von Anleitungen. Ich hoffe aufrichtig, dass dieses Buch ein großes Publikum findet."
Joseph Chilton Pearce, Autor von *Magical Child* und *Der nächste Schritt der Menschheit*

„... ein praktisches Handbuch, das zeigt, wie man Liebe, Mitgefühl und Empathie in Beziehungen einbringt, besonders in Beziehungen zu Kindern."
Dr. med. Larry Dossey, Autor von *Healing Words*

„Dies ist das perfekte Buch für alle Eltern auf dieser Erde."
Steveanne Auerbach, Ph.D., „Dr. Toy", Leiterin des *Institute for Childhood Resources, San Francisco, Kalifornien*

„... voller klarer, einfacher Antworten auf die Herausforderungen, mit denen Eltern konfrontiert sind; zeigt, wie man in der Familie eine liebevolle Atmosphäre schaffen kann."
Co-operatively Speaking, Zeitschrift der *Parent Cooperative Preschools International*

„Mit dieser einfach zu erlernenden, wissenschaftlich fundierten Technik hat Doc Lew Childre neue Wege der Kindererziehung aufgezeigt, die das Selbstbewusstsein fördern und die Kommunikation zwischen Eltern und Kindern aller Altersstufen verbessern."
Dr. med. C. Baldwin DeWitt jun., Kinderarzt, praktischer Arzt, Prof. emerit. für Psychologie und Verhaltenswissenschaften an der medizinischen Fakultät der *University of Nevada.*

„Immer dem Herzen nach zeigt, wie man die wichtigste Aufgabe, die ein Mensch auf sich nehmen kann, die Erziehung eines anderen Menschen, mit Vernunft und Mitgefühl anpacken kann."

David S. Kurtz, Ph.D., Direktor von *Childhelp USA, National Child Abuse Hotline*

Äußerungen von Erziehungsexperten

Immer dem Herzen nach ist ein bemerkenswertes, praktisches Buch, das die kindliche Entwicklung ganzheitlich unter Berücksichtigung von Geist und Seele unterstützen möchte. Es geht auf die schwierigsten Fragen der Eltern-Kind-Beziehung ein und ist eines jener Bücher, deren Lektüre ich unbedingt empfehle. Mir dient es als Quelle für meine Vorträge und Radiosendungen. Ich empfehle dieses Buch allen Eltern, die ihren Kindern helfen wollen, eine lebenslange Leidenschaft fürs Lernen, ein ausgeprägtes Selbstwertgefühl und Selbstbewusstsein zu entwickeln. Ich lege es Eltern von Kindern jeden Alters ans Herz."
Peter Riddle, Präsident von *Empowered Learning, Inc.*, und Moderator der Rundfunksendung *Empowered Learning with Peter Riddle*

„Als Präsident der seit 18 Jahren bestehenden *Educational Book Distributors* bin ich immer wieder begeistert, wenn ich dieses wunderbare Buch Erziehungswissenschaftlern präsentiere. In dieser Welt, die sich so rasch verändert, wird die Notwendigkeit einer kreativen Beziehung zu Kindern immer deutlicher, und Doc Lew Childre zeigt, wie wir eine solche Beziehung herstellen können – ohne Schuldgefühle und ohne „Das geht doch nicht", dafür mit Herz und Verständnis –, um dazu beizutragen, dass Kinder emotional gesund aufwachsen und sich entwickeln können. Dieses Buch gehört ins Bücherregal jedes Haushalts mit Kindern."
Robert Toms, Präsident von *Educational Book Distributors*

„Sehr praktische, nützliche Techniken ..., Methoden, die mir Hoffnung machen für die Arbeit mit Schülern, zu denen ich bislang keinen Zugang finden konnte ..., und Energie, den Versuch zu wagen."
Carol Roblauskas, Bezirksberaterin

„Die HEARTMATH – HERZINTELLIGENZ-Techniken eröffneten mir den Zugang zu meiner Seele. Infolge ihrer Anwendung konnte ich mich zum ersten Mal selbst akzeptieren."
Josefina Viramontes, Elternberaterin

„Ich war depressiv und spürte einen Mangel an Fürsorglichkeit. Nun habe ich wieder Hoffnung ..."
Susan Scott Timmer, Grundschullehrerin

Äußerungen von Eltern

„Ich habe viele Bücher über Erziehung gelesen, aber keines reicht an *Immer dem Herzen nach* heran ... Es ist leicht lesbar ..., es spricht alle wichtigen Themen an, von den Entwicklungsstadien eines Kindes bis zu der Frage, wo das eigentliche Problem liegt und wie man es ohne Schuldgefühle lösen kann! Ein Muss für die Eltern kommender Generationen."
Sheila Gordon, Berufsberaterin

„Als allein erziehende Mutter eines Jugendlichen lernte ich Techniken, die Ausgeglichenheit und Harmonie in unser hektisches Leben und Frieden in unser Zusammenleben brachten."
Robin Jordan, Verwaltungsassistentin

„... Techniken, mit denen sich destruktive Emotionen schnell stoppen und dann ... Lösungen für schwierige familiäre Situationen herbeiführen lassen ... Einfach und wirkungsvoll ..."
Rich Duke, Vater

„Meine Familie und ich haben unglaubliche Ergebnisse erzielt ...
– Wir lieben einander mehr.
– Wir können uns Veränderungen besser anpassen.
– Wir sind weniger gestresst.
– Unsere Beziehungen haben sich verbessert.
– Wir können einander besser zuhören.
– Wir haben mehr Verständnis füreinander.
– Wir haben zu schätzen gelernt, was wir an uns selbst und an der Familie haben.
– Wir reagieren nicht mehr übereilt.
– Wir haben Acht auf unsere Gesundheit.
– Es fällt uns leicht, zu kommunizieren.
Kimberly Trujillo, Ausbilderin

„Ich habe gelernt, dass es für mich als Mutter ganz wichtig ist, meine Grenzen zu kennen, auf ihnen zu beharren und mich außerdem um mich selbst zu kümmern. Wenn man *wirklich* für seine Kinder da sein will, ist es unbedingt erforderlich, auch an sich selbst zu denken."
Diana Govan, Mutter

„Das Buch macht Hoffnung und inspiriert. Ich fühle mich nicht mehr überfordert, denn ich verstehe jetzt besser, was es bedeutet, eine gute Mutter zu sein."
Linda Davine, Sekretärin einer Anwaltskanzlei

Widmung

Dieses Buch ist allen Eltern, Lehrern und Erwachsenen gewidmet,
die nach praktischen, positiven Erziehungskonzepten suchen.
Nach Methoden, mit denen man Kindern Hoffnung machen und
ihnen Wertesysteme vermitteln kann, die von Herzen kommen.

Vorwort

Emotionen, die außer Kontrolle geraten sind – spontane Äußerungen – destruktives Verhalten – kaputte Familien. Die Stressspirale ist eine Plage, die viele – vielleicht die meisten – Haushalte der Industrienationen heimsucht. Das braucht uns nicht zu wundern. Das Leben, das die meisten Erwachsenen heutzutage führen, ist nicht das, auf das ihre Eltern oder die Schule sie vorbereitet haben. Die Menschen strampeln sich ab, um beruflich vorwärts zu kommen, fragen sich, wie sie sich in die Arbeitswelt einfügen sollen, und befürchten, beim „Wettlauf des Lebens", zu dem unser Dasein zu Beginn des 21. Jahrhunderts geworden ist, zurückzubleiben.

Aber Stress und Leid sind keine unvermeidbaren Folgen des modernen Lebens. Es wird immer Menschen geben, die auch dann wunderbar zurechtkommen, wenn das Leben ihnen Wechselbäder beschert und sie durchrüttelt; manche Familien überstehen das unbeschadet, ja wachsen sogar daran. Welches Geheimnis verbirgt sich hinter ihrem Erfolg?

Jahrelang habe ich auf der Suche nach dem Faktor, der die menschlichen Reaktionen auf äußere Einflüsse bestimmt, die Rolle des Kopfes, des Herzens und der Intuition erforscht. Ich entwickkelte das HEARTMATH® – HERZINTELLIGENZ-System (sprich: *Ha:rt Mäß*; Anm. d. Verlages), um Menschen zu helfen, mental und emotional im Gleichgewicht zu bleiben und leichter Zugang zu ihrer eigenen Intelligenz zu finden. Ich gründete das gemeinnützige Institut für HeartMath (IHM), das heute ein führendes Forschungs- und Bildungszentrum und für seine innovativen Ansätze in Bezug auf die menschliche Leistungsfähigkeit und Interaktion bekannt ist. IHM-Techniken, wie z.B. FREEZE-FRAME, werden erfolgreich von den Klienten des Programms *Fortune 500* in Regierungsabteilungen, bei allen vier Waffengattungen des US-amerikanischen Militärs und dort eingesetzt, wo ihre Wirksamkeit zuerst unter Beweis gestellt wurde: in Gefängnissen und bei der Arbeit mit Jugendbanden in Los Angeles. (FREEZE-FRAME ist eine zentrale Technik der Methode HEARTMATH – HERZINTELLIGENZ und bedeutet etwa, „den gewohnten Rahmen einfrieren"; sprich: *Fri:z Freim*; Anm. d. Verlages.)

Wie es funktioniert? Also, das ist so: Wenn ein Mensch nur eine Minute lang innehält und die HEARTMATH-Techniken anwendet – mehr als eine Minute ist dafür tatsächlich nicht erforderlich –, steigt die Wahrscheinlichkeit, dass er auf seine Intuition hören wird. Die Intuition ist klug und schnell. In weniger als einer Minute rät Ihnen diese angeborene Intelligenz (die wir auch „gesunden Menschenverstand" nennen) blitzschnell zum angemessenen Verhalten. Das Problem besteht darin, dass uns heute selbst eine Minute sehr lang erscheinen kann. Deshalb brauchen Menschen Bücher wie dieses: um sich daran zu erinnern, sich diese eine Minute Zeit zu nehmen, die FREEZE-FRAME-Minute. Und um en détail zu erfahren, was sie in dieser Minute tun sollen, um sich selbst und ihre Familie zu retten.

Erwachsene und Kinder nutzen diese Technik, um Stress abzubauen, emotionalen Schmerz zu mindern, um einfühlsamere Kommunikationsmuster zu entwickeln, ihre Beziehungen zu verbessern, Zeit und Kraft zu sparen und das Leben mehr zu genießen. Versuchen Sie es. Sie werden feststellen, dass Sie glücklicher werden. Sie werden nicht länger nur *re*agieren, sondern sich angewöhnen, ihre Perspektive von einem Moment auf den anderen zu wechseln. Durch diese Verschiebung rücken unweigerlich passende neue Lösungsmöglichkeiten in den Blickpunkt. Schluss mit den bitteren Klagen über Mitarbeiter, Schluss mit der Wut auf Kinder, Eltern, Ehegatten. Mit etwas Übung werden Sie bald über diesen Dingen stehen.

Viele Eltern, die eines meiner Bücher gelesen haben (*Die Herzintelligenz entdecken, Kopf oder Herz?, Self-Empowerment*), baten mich um Rat, wie man Kinder die HEARTMATH – HERZINTELLIGENZ-Methode lehren könne. Mir war schon in jungen Jahren klar geworden, dass Glück und innere Stärke mehr von der Einstellung zum Leben als vom Bildungsgrad, von der Arbeit oder finanziellem Erfolg abhängen. Ich habe bei der Erziehung von sechs Kindern mitgewirkt und Menschen aller Altersstufen beraten. Ich bin vielen frustrierten und verwirrten Kindern begegnet, die nicht mehr auf eine bessere Zukunft hoffen. Sie wissen einfach nicht, welche Richtung sie einschlagen sollen. Die meisten suchen nach Liebe, fühlen aber, dass sie bei dieser Suche ganz allein auf sich gestellt sind. Kinder beobachten, dass „Erwachsene nicht gut drauf sind" und ihnen deshalb nicht demonstrieren können, wie man liebt. Ich schrieb *Immer dem Herzen nach*, um Eltern mein Verständnis der kindlichen Entwicklung zu vermitteln und ihnen zu erläutern, wie sie die HEARTMATH – HERZINTELLIGENZ-Techniken gemeinsam mit Kindern anwenden können, damit diese lernen, in einer Welt, die sich rasend schnell verändert, mit sich selbst im Reinen zu bleiben. Das HEARTMATH – HERZINTELLIGENZ-Programm macht deutlich, wie man mit dem Herzen sieht. Es ist das Herz, das uns Liebe, Hoffnung und ein erfülltes Leben beschert. Eltern haben heutzutage eine schwierige Aufgabe. Beim Üben der HEARTMATH – HERZINTELLIGENZ-Techniken sollte man nicht nach Perfektion streben, sondern nach Selbstverwirklichung und Erfüllung im Gegensatz zu Stress und Ineffektivität.

Diejenigen unter Ihnen, die meine anderen Bücher gelesen haben, werden einige der hier zitierten Forschungsergebnisse schon kennen. Diese Ergebnisse bilden die Grundlage für meine These zur Kindererziehung, für die Arbeit des IHM zum Thema „Pubertät" und die Entwicklung der FREEZE-FRAME-Technik ganz allgemein. In diesem Buch wird die Anwendung der HEARTMATH – HERZINTELLIGENZ-Techniken mit dem Fokus auf die Eltern-Kind- und die Kind-Eltern-Beziehung Schritt für Schritt erklärt. Sie lernen, wie Sie mental und emotional ins Gleichgewicht kommen, die Gefühle Ihres Kindes verstehen und diszipliniertes Verhalten bewirken können. Die Anleitungen sind universal anwendbar: von Mutter, Vater, den Großeltern, Stiefeltern, Vormund oder anderen Erwachsenen. Ich berichte auf verständliche Weise über die wichtigsten wissenschaftlichen Studien, die am IHM und in anderen

Institutionen durchgeführt wurden. (Wenn Sie an unserem Forschungsbericht oder weiteren Informationen interessiert sind, wenden Sie sich bitte an den Verlag VAK; Adresse im Anhang.)

Immer dem Herzen nach vermittelt ein unverbrämtes Bild von der Stressbelastung und den Kämpfen, die viele Erwachsene und Kinder heutzutage bewältigen müssen. Ich ziehe dazu zahlreiche Beispiele, Statistiken, Gutachten und Meinungsumfragen unter Eltern, Jugendlichen und Kindern heran. In einigen Beispielen wurden die Namen geändert, um die Persönlichkeitssphäre der Menschen zu schützen. Mag eine einzelne Statistik noch unbedeutend erscheinen – alle Statistiken zusammen verweisen auf eine sehr schwere Krise: die Unzufriedenheit junger Menschen – eine Krise, die ohne praktische Hilfe für Erwachsene und Kinder nicht zu bewältigen ist.

Emotionale Herausforderungen schaden Kindern nicht, wenn man sie lehrt, damit umzugehen. Kinder brauchen Erfolgserlebnisse, die ihnen ein Gefühl für den eigenen Wert vermitteln. Es liegt in der Verantwortung der Eltern, ihren Sprösslingen dazu zu verhelfen, sich glücklich und erfolgreich zu fühlen. Die Kinder der neunziger Jahre sehen das Leben ganz anders, als wir Erwachsene es während unserer Kindheit sahen. Möchte man als Erwachsener seine Aufgabe gut machen, muss man die Welt zunächst so zu sehen beginnen wie ein Kind. Denken Sie beim Lesen darüber nach. Überlegen Sie, wie sich die HEARTMATH – HERZINTELLIGENZ-Techniken auf Ihre persönliche Situation anwenden lassen, und probieren Sie sie dann aus. Ernsthaftes Üben wird Sie davon überzeugen, wie produktiv die Anwendung dieser Techniken für Sie sein kann und wie viel Nutzen Ihre Kinder daraus ziehen können. Ihrer beider Lebensqualität wird sich verbessern.

Doc Childre

Boulder Creek, Kalifornien

Kapitel 1

Was hat Liebe denn damit zu tun?

Was ist Liebe, und woher kommt sie? Diese Frage stellen sich Menschen schon seit Tausenden von Jahren. Die Liebe und das Herz wurden schon immer in engem Zusammenhang gesehen, aber erst jetzt beginnt uns die Wissenschaft darüber aufzuklären, warum das so ist. Menschen ordnen das Gefühl der Liebe dem Herzen zu. Liebe bewirkt, dass Eltern zu ihren Kindern halten und die Verantwortung für sie übernehmen. Liebe erzeugt auch Verständnis. Eltern, die ihr Kind lieben, wissen intuitiv, was es braucht. Aufrichtige Elternliebe erzeugt automatisch ein Feld intuitiven Wissens zwischen Eltern und Kind.

Manchmal übernimmt das Kind in Sachen Liebe die Führung der Eltern, aber das geschieht nur, wenn als Grundlage schon eine feste Liebesbeziehung vorhanden ist. Normalerweise ist in diesem Handwerk das Kind der Lehrling. Als Vater oder Mutter besteht Ihre Aufgabe darin, ihm zu vermitteln, dass man sich intuitives Verständnis aneignen kann wie eine Wissenschaft oder eine bestimmte Fertigkeit (was es tatsächlich auch ist). In diesem Buch geht es darum, wie man das macht.

Ein Kind entwickelt gesunde Ansichten und erbringt gute Leistungen, wenn die Eltern sich bewusst bemühen, ihm durch ihre liebevolle Grundeinstellung stets ein Vorbild zu sein. Liebe macht es möglich, die Kommunikation mit Kindern jeden Alters effektiv zu gestalten. Babys sind außerordentlich feinfühlig. Es mag sein, dass sie nicht verstehen, *was* gesagt wird, doch sie hören und empfinden, ob etwas mit Liebe gesagt wird. Wenn sie lernen, bewusst zu lieben, erlangen Eltern Zugang zu einer höheren intuitiven Frequenz ihrer eigenen angeborenen Intelligenz. Das vertieft die intuitive Verbindung mit ihrem Baby, Kleinkind, jugendlichen oder erwachsenen Kind.

Liebende Eltern vermitteln ihren Kindern durch ihr Wesen eine Atmosphäre der Geborgenheit, in der sich das Leben als eine Reihe von Herausforderungen darstellt, deren Bewältigung Vertrauen aufbaut, und nicht als eine Serie unlösbarer Probleme, die das Selbstwertgefühl zerstören. Die meisten Eltern lieben ihre Kinder, haben aber das Gefühl, das reiche heutzutage nicht mehr aus, um sie großzuziehen. Eine Nachbarin namens Ann, die mich ab und zu besuchte, betonte immer wieder, wie sehr sie ihren kleinen Joey liebe, beschwerte sich dann aber über endlose Zänkereien und gab ihm die Schuld daran. Ich dachte: „Ann, hör auf zu jammern und an Joey herumzunörgeln. Versuche ihn mehr zu lieben." Ein Kind braucht eher Eltern mit Herzensklugheit als Eltern mit Kopfwissen. Ann konnte ihre Liebe zu Joey nicht richtig ausdrücken. Ann ist nicht die Einzige. Viele Mütter und Väter fühlen sich wie sie innerlich zerrissen und sind bestürzt, dass ihre Liebe die Probleme ihrer Kinder nicht löst.

Wenn wir Tag für Tag gestresst sind und unsere Gedanken ständig rotieren, hat die Liebe kaum eine Chance. Wir glauben, aus Liebe zu handeln, sind aber ständig dabei, unsere Kinder, Ehegatten oder uns selbst unterschwellig oder offen zu verurteilen. Wenn wir wollen, dass unsere Liebe eine Wirkung zeigt, müssen wir üben, das Leben ganz bewusst mit Liebe anzugehen. Liebe kann schwierige Situationen entschärfen und Eklats verhindern. Beispiele dazu haben wir alle schon erlebt. Eine Mitarbeiterin des IHM erzählte mir eine Geschichte, die sie als Dreijährige erlebt und die einen starken Eindruck bei ihr hinterlassen hatte:

„Meine Eltern waren draußen im Garten und stritten über meinen älteren Bruder. Ich weinte, quengelte und fiel ihnen auf die

Nerven. Nachdem ich eine ganze Zeit lang gestört hatte, sagte mein Vater: ‚Schluss jetzt! Das reicht! Reiß dich jetzt endlich mal am Riemen!' Ich schaute mich verwirrt um. ‚Wo ist denn der Riemen, Papa?', fragte ich. Zu meiner Überraschung erntete ich dafür herzliches Gelächter und eine Umarmung."

Wenn wir Liebe zeigen oder erleben, schenkt uns das Leben Momente tiefster Erfüllung. Wie wunderbar ist es doch, dass die Liebe so viele Gesichter hat! Die Liebe, die ein Kind für seine Mutter oder seinen Vater empfindet, ist ein Gefühl der Sicherheit, Geborgenheit, Ruhe. Die Liebe unter Schwestern ist anders. Selbst wenn Schwestern miteinander streiten und kämpfen, ist die Schwesternliebe ein Band, das Höhen und Tiefen überdauert und über Jahre hinweg intakt bleibt. Wieder anders fühlt sich die Liebe an, die man einem Freund entgegenbringt. Er ist da, wenn man ihn braucht, aber oft führen Umstände und unterschiedliche Interessen dazu, dass Freunde verschiedene Richtungen einschlagen. Und dann gibt es noch die Liebe zur Erde, die Verbundenheit mit der Natur, den Tieren, Blumen, Bäumen, dem Himmel. Das Gefühl der Liebe kann überschwänglich sein, explosiv oder elektrisierend – und fürsorglich, vergebend, anerkennend und mitfühlend. Kurz gesagt: Liebe umfasst, erfüllt und belohnt. Ohne Liebe fehlt uns etwas, selbst wenn es uns gut geht. Die meisten Pädagogen und unser eigener gesunder Menschenverstand stimmen darin überein, dass eine liebevolle Umgebung das Lernen am meisten fördert. Meiner Erfahrung nach ist es die Liebe, die uns Stärke schenkt.

Liebe und Wahrnehmung

Nutzt man die Intelligenz des Herzens, kann das Leben mit Kindern zum Erkenntnisprozess werden. Eltern können ihr Kind intuitiv schützen und ihm den richtigen Blickwinkel vermitteln, wenn sie ihm ganz bewusst mit Liebe begegnen. Will man ein Kind fördern, dann schalte man in der Zeit, die man gemeinsam verbringt, vom Kopf aufs Herz um, denn der Kopf verleitet dazu,

Kinder übertrieben zu schützen, ständig zu stimulieren oder Grenzen zu überschreiten. Seien Sie kreativ; fördern Sie Wachstum und Unternehmungsgeist. Begleiten Sie Ihr Kind mit Respekt und Liebe auf seinem Weg ins Unbekannte.

Der Drang nach körperlichem und spirituellem Wachstum wohnt allen Kindern inne. Um wachsen zu können, muss ein Kind von Bekanntem Abschied nehmen und sich ins Unbekannte vorwagen. Das macht unsicher und kann Angst erzeugen. Liebe sorgt dafür, dass sich Lebenseinstellungen in einer Atmosphäre der Hoffnung und Sicherheit entfalten können. Ein Kind, das zwischen Geburt und siebtem Lebensjahr in einer von Liebe geprägten Atmosphäre lernt, sich auf dieser Erde zurechtzufinden, wird später schwierige Lebensphasen ohne das innere Leiden, das wir Frustration nennen, bewältigen können. Die Liebe und Fürsorge der Eltern lassen aus dem Erwerb der frühen motorischen Fähigkeiten ein Vergnügen werden, keine Qual. Seine Erfahrungen in einer Atmosphäre der Geborgenheit machen zu dürfen heißt für ein Kind, dass es gelebte Liebe erfährt. Liebe lässt die Eltern noch einmal überdenken, welches häusliche Klima sie ihrem Kind bieten. Setzen sie ihm mit der Intuition des Herzens Grenzen, umgeben sie es mit jener soliden Fürsorge, die seinen Wachstumsmustern förderlich ist. Wenn es sich sicher fühlt, lernt es sich selbst einzuschätzen und seine Stärken zu entwickeln.

Liebe üben

Seit Menschengedenken sprechen, singen und schreiben Menschen von der Liebe. Liebesromane stehen seit Jahrzehnten auf den Bestsellerlisten und füllen die Regale auf Flughäfen, in Supermärkten und Buchläden. Zu allen Zeiten und in allen Kulturen wurde über die Liebe und deren Macht philosophiert. Im Alten Testament und allen Schriften der großen Religionen wird die Liebe gerühmt. Was geschähe, wenn sie aufrichtig, kontinuierlich und aktiv geübt würde?

Die Liebe wird zwar oft gerühmt, doch besteht ein Unterschied zwischen imaginierter und gelebter Liebe. Im Allgemeinen lieben Menschen nur, wenn sie gerade in der Stimmung dazu sind oder einen besonders guten Tag haben. Am häufigsten entflammt die Liebe in jenen ergreifenden Momenten, die man mit Kindern erlebt, unter Freunden oder späteren Partnern. Bewusste Liebe balanciert die fundamentale Herzenergie in einem selbst und in der Familie aus. Man wird sensibler, die Kommunikation wird klarer und das Verständnis füreinander wächst. Die Liebe verändert die atmosphärischen Bedingungen in der Umgebung eines Kindes. Dauerhafte, aufrichtige Liebe erzeugt Hoffnung – Herzenshoffnung für die ganze Familie.

Das ABC der Liebe

In der Schule lehrt man uns ganz richtig, dass Übung den Meister macht, ob es sich nun ums Lesen, Schreiben, die Beherrschung des Computers oder andere Fertigkeiten handelt. Aber man lehrt uns nur selten, wie man Liebe übt. Deshalb nutzen die meisten Menschen nur einen kleinen Teil ihrer Liebesfähigkeit. Hier ist das ABC des Liebens:

Der erste Schritt besteht darin, zu wissen, dass das Herz eine Quelle der Stärke und Kraft ist. Die Kraft des Herzens ist eine andere als die des Kopfes. Sie benutzen Ihren Kopf, um auswendig zu lernen, zu analysieren, zu lesen und zu denken. Und Sie benutzen Ihr Herz, um Fürsorglichkeit, Anerkennung, Freude und Liebe zu empfinden. Ohne ein liebendes Herz macht das Leben keinen Spaß. Um Liebe zu leben, verhalten Sie sich wie ein Pionier, der einen Weg durch unerforschtes Gelände bahnt. Üben können Sie dies mit einer Technik namens HEART LOCK-IN (dt. etwa: „Herzanker"-Übung; sprich: *Ha:rt Lok In*; Anm. d. Verlages; die Anleitung dafür finden Sie auf der nächsten Seite). Sie ist ein wirksames Hilfsmittel, um sich auf das Herz zu besinnen, und jederzeit anwendbar, um zu einem tieferen Verständnis von Liebe zu gelangen.

Eltern, die diese Technik anwenden, berichten, dass sie viele positive Ergebnisse zeitigt. Ihrer Ansicht nach lassen sich damit Spannungen und Ängste abbauen und scharfe Kanten in der Beziehung zu Kindern glätten. Eine Mutter berichtet:

„Ich war sehr überrascht, dass mir der Versuch, allem mit Liebe zu begegnen, half, das Auf und Ab zu bewältigen, das der ständige Balanceakt zwischen Arbeit, Familie und sonstigen Aufgaben mit sich bringt. Ich bin jetzt wirklich viel weniger gestresst, und die größten Probleme, die ich mit meinem fünfjährigen Sohn hatte, sind gelöst. Ich bin einfach ruhiger und in der Lage zu sehen, was zu tun ist, statt mir ständig Sorgen zu machen, ob ich auch das Richtige tue."

Die HEART-LOCK-IN-Übung lässt sich leicht in den Tagesablauf integrieren, selbst wenn der Terminkalender gefüllt ist. Eine Grundschullehrerin berichtete, wie effektiv die erzielten Ergebnisse waren und wie zeitsparend sie sich auswirkten:

„Mit Hilfe der HEART-LOCK-IN-Übung schickte ich einem schwierigen Kind an fünf aufeinander folgenden Tagen fünf Minuten Liebe. Dadurch veränderte sich das Verhalten dieses Kindes und auch meine Reaktion auf sein Verhalten. Davor hatte das Kind einen großen Teil meiner Zeit in Anspruch genommen."

Sollten Sie eine schwierige Zeit mit Ihrem Kind durchmachen und sich nicht gleich ein Gefühl von Liebe, Fürsorglichkeit und Anerkennung in Erinnerung rufen können oder sollte Ihr Herz Ihnen wehtun, ist das auch in Ordnung. Mit etwas Übung werden durch HEART LOCK-IN die positiven Gefühle wachsen und die ins Unbewusste abgedrängten Unsicherheits- und Schmerzgefühle nachlassen, sodass eine stabile Sicherheit des Herzens entsteht. Das Gefühl der Sicherheit ist es, das Schmerzen und alte Verletzungen schließlich verwandelt. Mit zunehmender Liebesintensität verlieren sich alte Verhaltensweisen und Gefühle nach und nach. Betrachten Sie alle Gefühle, die bei der Herzanker-Übung aufsteigen, als wachsende Liebe, die lediglich noch nicht ihre ganze Intensität entfaltet hat.

Die einzelnen Schritte
der HEART-LOCK-IN-Übung:

1. Suchen Sie sich einen bequemen Platz, an dem Sie sich fünf bis 15 Minuten entspannen können, und schließen Sie die Augen.

2. Entziehen Sie Ihrem Verstand oder Kopf die Aufmerksamkeit, entspannen Sie Ihren Geist, und konzentrieren Sie sich auf die Herzgegend, die Stelle, an der Sie tiefe Gefühle aufrichtiger Liebe, Fürsorglichkeit oder Anerkennung empfinden.

3. Rufen Sie sich ein besonderes Erlebnis mit Ihrem Kind ins Gedächtnis, das Sie ganz mit Liebe, Fürsorglichkeit oder dem Gefühl der Wertschätzung erfüllte. Wenn Sie seinetwegen aufgebracht sind, kann es schwierig sein, sich dieses besondere Gefühl zu vergegenwärtigen. Versuchen Sie sich an Momente zu erinnern, in denen Sie Freude oder Entzücken empfanden, vielleicht als Sie Ihr Baby im Arm hielten oder als „das kleine Engelchen" schlief.

4. Lassen Sie dieses Gefühl aufrichtiger Liebe jetzt auf Ihr Kind ausstrahlen. Dadurch wird die Liebe mit großer Energie aufgeladen und Ihr Verständnis für das Kind umfassender.

5. Wenn Ihr Kopf dazwischenfunkt, konzentrieren Sie sich sanft wieder auf Ihre Herzgegend und lassen Liebe aus Ihrem Herzen strahlen. Es wird sich schließlich eine Antwort auf Ihre Frage finden, einfach dadurch, dass Sie Herzensenergie aussenden. Die Liebe zu Ihrem Kind schenkt Ihnen Geduld und macht Sie verständnisvoll.

6. Jetzt lassen Sie fünf bis 15 Minuten lang Liebe zu Ihrem Kind fließen, um den „Herzanker" zu vertiefen. Denken Sie an das, was Sie an Ihrem Kind lieben, und lassen Sie dann das Gefühl der Liebe Raum greifen. Es bedarf keiner Worte. Sie sind jetzt in der Liebe zu Ihrem Kind „verankert" und erhalten Zugang zu intuitivem Wissen. Auf die Intuition Ihres Herzens zu hören hilft Ihnen, das Gefühl der Liebe und Erfüllung aufrechtzuerhalten. Mit ein wenig aufrichtigem Bemühen stellt sich der Lohn dafür schnell ein.

Versuchen Sie, die bei der HEART-LOCK-IN-Übung erlebten positiven Gefühle auch im Alltag zwischendurch immer wieder einmal aufleben zu lassen. Machen Sie ein- oder zweimal täglich
Mini-Herzanker-Übungen von nur ein paar Minuten Dauer, um
das Gefühl der Liebe mit Energie aufzuladen. Wenn Ihnen dabei
intuitiv Gedanken kommen, die von einem Gefühl inneren Wissens oder Friedens begleitet sind, schreiben Sie diese auf, damit Sie
nicht vergessen, danach zu handeln. So wird es leichter, der Intuition Ihres Herzens auf Dauer Folge zu leisten. Unterziehen Sie
das, was das Herz Ihnen zu erkennen gibt, einer Prüfung, um herauszufinden, ob dieser Blickwinkel Ihnen ein Mehr an Frieden
und Verständnis verschafft. Beobachten Sie, ob Ihre Beziehung zu
Ihrem Kind sich dadurch verbessert.

Das Herz verstehen

In *Webster's Dictionary* wird „Herz" folgendermaßen definiert:
1. Ein Hohlmuskel, ein Organ, das durch rhythmisches Kontrahieren und Entspannen die Zirkulation des Blutes durch den Körper
aufrechterhält. 2. Das Zentrum der Persönlichkeit, insbesondere
was Intuition, Gefühle oder Emotionen betrifft. 3. Das Gefühls-
zentrum – vor allem im Gegensatz zum Kopf, dem Sitz der Intelligenz. 4. Synonym für Geist, Mut, Begeisterung. 5. Innerstes oder
Zentrum, Kern von etwas.[1]

Einmal beobachtete ich ein Kleinkind beim Spiel mit einigen
bunten Bällen. Es war fasziniert von ihnen, jauchzte vor Begeisterung, tollte mit ihnen umher und warf sie hoch in die Luft. Ich
sah, dass das Kind ganz bei der Sache war, hellauf begeistert aus
ganzem Herzen spielte. Diese Bedeutung von „Herz" ist den we-
nigsten Erwachsenen geläufig. Den meisten gilt das Herz als zer-
brechlich und weich, als Ort der Trauer und Gefühlsduselei, als
etwas, das brechen oder geopfert werden kann. Tatsächlich ist das
Herz jedoch eine Quelle von Stärke, Klarheit, Wissen, Kraft, Fürsorglichkeit, Mitgefühl, Weisheit, Liebe, Mut, Friede und Freude.
Die Intelligenz des Herzens lässt uns durch Klarheit und Vitalität

Erfüllung zuteil werden. Diese Werte des Herzens können sich zur Weisheit entfalten.

Einen Augenblick bitte. Sind all diese Herz-Metaphern nicht nur Wortspielereien? Auf diese Weise über das Herz zu sprechen heißt doch, den Zusammenhang mit dem Hohlmuskel, dem Organ zu leugnen, oder nicht?

Keineswegs. Es ist mehr als nur ein Zufall, dass die Menschen schon jahrhundertelang auf diese Weise vom Herzen sprechen. Studien, die wir am *Institute of HeartMath* durchführten, erbrachten den Beweis, dass das Herz, jener Hohlmuskel, tatsächlich der Sitz vieler wichtiger menschlicher Eigenschaften ist. Das IHM ist auf mehreren Gebieten wissenschaftlich tätig, die den Zusammenhang zwischen mentalem sowie emotionalem Befinden und dem Verhalten von Menschen einerseits und den Herzfunktionen, dem vegetativen Nervensystem, dem Immunsystem und dem Hormonsystem andererseits erforschen. Die Ergebnisse dieser Studien bestätigen, was uns der gesunde Menschenverstand und die Intuition eingeben: dass es einen direkten Zusammenhang zwischen Wahrnehmung, mentalem und emotionalem Verhalten, Immunsystem, Reaktionszeit, Entscheidungsfähigkeit und der Unversehrtheit des Herzens gibt.

Vergebung, Anerkennung und Liebe sind gelebte Fürsorglichkeit. Die Studien des IHM zeigen, dass diese positiven Verhaltensweisen und Gefühle tatsächlich zu einem kohärenten, harmonischen Herzrhythmus führen und die elektrischen Herzsströme beeinflussen, was sich bei der Analyse des Elektrokardiogramms (EKG) zeigt.[2] Solche Gefühle erzeugen kohärente Herzfrequenzen, die von jeder Zelle des Körpers wahrgenommen werden. Andere Untersuchungen zeigen, dass positive Gefühle das Immunsystem stimulieren.[3] Deshalb ist es wichtig, zu fragen: „Was müssen wir tun, um diese positiven Gefühle und Lebensqualitäten öfter zu erleben bzw. zu steigern? Wie verhelfen wir unseren Kindern zu mehr positiven Gefühlen und zur Entwicklung hervorragender Eigenschaften?"

Im vergangenen Jahrzehnt entdeckten Wissenschaftler, dass wiederholte Stressreaktionen wie z. B. Frustration und Ärger ein Ungleichgewicht im Nervensystem erzeugen, das nicht nur dem Herzen, sondern auch dem Gehirn, dem Hormonsystem und dem Immunsystem schadet. Sogar die bloße Erinnerung an ein bestürzendes Erlebnis kann eine Reduktion des Pumpvolumens des Herzens um fünf bis sieben Prozent zur Folge haben[4]. Andere Studien des IHM zeigten, dass eine solche Erinnerung auch das Immunsystem mehrere Stunden lang lahm legt. Die Forscher am IHM fanden heraus, dass schon das lediglich fünfminütige mentale und emotionale Eintauchen in eine mit Ärger oder Frustration beladene Erinnerung den Pegel des Immunglobulins A (IgA) für die Dauer der nächsten sechs Stunden absinken ließ.[5] IgA ist ein Antikörper, der an vorderster Front gegen Erkältungen, Grippe und Infektionen kämpft. Wie viele Eltern, wie viele Menschen erschöpfen ihr Immunsystem täglich durch plötzlich auftretenden Ärger und Frustrationen, ganz abgesehen von den stressigen Gedanken und Gefühlen, die ihnen im Lauf eines Tages durch den Kopf gehen? Eine tägliche Diät mit solch bestürzenden Erlebnissen erschöpft uns und belastet die Beziehung zu unseren Kindern.

Andererseits zeigte dieselbe Studie, dass ein Fünf-Minuten-Erlebnis echter Fürsorglichkeit oder echten Mitgefühls das Immunsystem stärkt. Diese Gefühle verursachen einen allmählichen Anstieg von IgA im Verlauf der folgenden sechs Stunden. Liebe und Fürsorglichkeit sind die beste Medizin, die wir kennen.

Andere wissenschaftliche Studien ließen erkennen, dass Glücksgefühle und Freude sich positiv auf die Produktion weißer Blutkörperchen auswirken, die zur Wundheilung und zur Abwehr eindringender Krankheitserreger unerlässlich sind und selbst im Kampf gegen Krebs und Virusinfektionen aktiv sind.[6] Möglicherweise trägt der Mangel an Liebe, Fürsorglichkeit, Glück und Freude in unserer Gesellschaft maßgeblich zur Verschlechterung der Gesundheit und zu steigenden Kosten im Gesundheitswesen bei.

Abbildung (1),
Stress erzeugend:

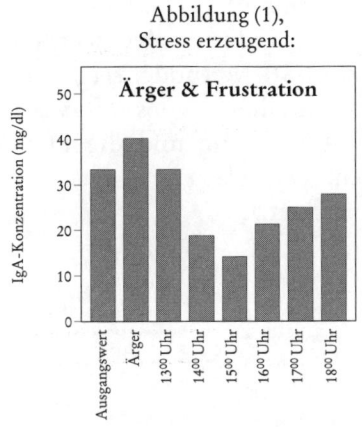

Abbildung (2),
Stress reduzierend:

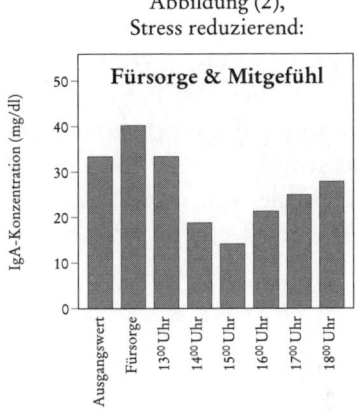

Die Abbildungen (1) und (2) zeigen die Wirkung von Fürsorglichkeit und Mitgefühl (rechts) auf den durchschnittlichen IgA-Pegel einer Versuchsgruppe im
Verlauf eines Tages. Das IgA stieg sofort und signifikant an, sank nach einer
Stunde wieder auf sein altes Niveau ab und stieg dann im Verlauf des Tages wieder an. Bei Menschen, die fünf Minuten lang Ärger und Frustration erlebten
(links), folgte auf einen sofortigen Anstieg des IgA-Pegels ein dramatisches Absinken. Der IgA-Pegel blieb den ganzen Tag über niedrig. Das zeigt, wie intensiv
die Wirkung auch nur einer Erinnerung an Ärger auf das Immunsystem sein
kann. Dies mag erklären, dass einige Menschen sich besser fühlen, wenn sie ihren
Gefühlen einmal richtig Luft machen. Den Preis dafür bezahlen sie jedoch später.

Im Leben der meisten Menschen gibt es Augenblicke, in denen
sie spüren, dass ihr Herz sich regt und sie sich glücklich und erfüllt fühlen. In diesen Momenten höchsten Glücks hat ihr Leben
einen Sinn. Kinder erleben so etwas oft – bis sie ihre Kindlichkeit
verlieren. Ein Vierjähriger kann einen grandiosen Sonnenunter-
gang, eine Blumenwiese oder den Nachthimmel voll ehrfürchtiger
Bewunderung betrachten. Wenn wir älter werden und uns mehr
und mehr im Stress des alltäglichen Lebens verfangen, kann es
vorkommen, dass wir den Nachthimmel gar nicht mehr bemerken.
Oder wir finden ihn langweilig. Wenn Sie lernen, sich auf Ihr
Herz zu besinnen und bewusst zu lieben, bewirken Sie Veränderungen, die sich auf Ihr hormonelles Gleichgewicht und Ihre Ge-

sundheit günstig auswirken. Auch Ihre Standpunkte und die Art, wie Sie mit anderen umgehen, werden sich ändern – Sie werden sich ins Leben verlieben. Die HEART-LOCK-IN-Methode zeigt Erwachsenen und Kindern, wie man die Intelligenz des Herzens schon frühzeitig dazu nutzen kann, die Bedeutung und die Herausforderungen des Lebens zu verstehen. Das Herz erzeugt gute Gefühle und verhilft zu erstaunlicher Intelligenz.

Kapitel 2

Veränderte Ansichten in der veränderlichen Welt von heute

Die Welt verändert sich so stark wie nie zuvor. Grenzen verändern sich. Glaubensgrundsätze verändern sich. Politische Systeme verändern sich. Die Familie verändert sich. Niemand weiß genau, was die Zukunft bringen wird. Viele sagen, ein globaler Paradigmenwechsel finde statt. Unter einem Paradigmenwechsel versteht man, dass die große Mehrheit der Menschen ihre Ansichten verändert. Für solche Paradigmenwechsel gibt es viele historische Beispiele. Es gab eine Zeit, in der die Menschen glaubten, die Sonne kreise um die Erde. Als Galileo Galilei das Gegenteil bewies, begründete er damit eine neue Epoche der Wissenschaft. Die industrielle Revolution verursachte einen Paradigmenwechsel vom bäuerlichen zum Maschinenzeitalter. Die Erfindung der Glühbirne, des Telefons, des Autos, des Flugzeugs bewirkten dramatische Veränderungen hinsichtlich der Art, wie Menschen miteinander umgehen und einander sehen. Das Atomzeitalter, das das Fernsehen, die Mikrochirurgie und die Gefahr eines Atomkriegs mit sich brachte, modernisierte unsere Denkweisen unweigerlich noch mehr.

Die Bombardierung mit Informationen zwingt viele Menschen, ihre Ansichten, ihre Lebensweisen und die Gestaltung ihrer Beziehungen schnell an sich ständig verändernde Umstände anzupassen.

Das Leben wird für Erwachsene und Kinder immer schneller. Stellen Sie sich den ständigen Informationsfluss vor, der die Kinder über die Informationsautobahnen wie Fernsehen, Film, Funk, Videospiele, Computer, CD-ROMs und dergleichen erreicht.

Die Medien überfluten unsere Kinder unablässig mit ungefilterten Informationen. Viele davon überreizen sie, erzeugen Unsicherheit, Angst und Stress. Zahllose Fernsehprogramme und Filme – von Krimis über Trickfilme bis zu Actionthrillern – führen vor, dass sich Konflikte offenbar am besten mit Gewalt lösen lassen. Im US-amerikanischen Kinderprogramm geschehen 16 Gewaltakte pro Stunde, im Erwachsenenprogramm nur acht. Bis zur Pubertät haben amerikanische Kinder im Fernsehen schätzungsweise 18.000 brutale Morde gesehen.[7] Informationen, die wie aus einem Schnellfeuergewehr auf uns niederprasseln, überfordern uns, da wir sie nicht verarbeiten können, konfrontieren uns also auch mit gestressten und unglücklichen Kindern. Die Fähigkeit von Kindern, eine ausgewogene Lebensperspektive zu finden, wird bis zum Äußersten beansprucht. Die Heranwachsenden von heute haben ein wenig Mitgefühl verdient. Dieses Mitgefühl lässt Hoffnung entstehen – Hoffnung, die zu neuen, herzintelligenten Lösungen führt.

Wie sehen die Kinder von heute das Leben?

Bei einer Studie mit zahlreichen sechs- bis siebzehnjährigen Kindern unterschiedlicher Herkunft stellte ich folgende Fragen: „Wer bist du?", „Wohin gehst du?", „Wie siehst du das Leben?", „Wie sehen deiner Meinung nach andere Kinder das Leben?", „Wie sehen deiner Meinung nach Erwachsene das Leben?" Hier sind einige Antworten.

„Ich bin Brittany. Ich bin sieben. Ich lebe gern. Ich mag den Lake Tahoe und den Schnee. Ich mag das kleine Baby meines Onkels und meiner Tante. Ich bin traurig, weil meine Freundin weggezogen ist. Manche Leute sind traurig, und manche Leute sind glücklich. Manche Leute machen andere traurig."

„Ich bin Elliot, und ich bin zehn Jahre alt. Mein Leben gefällt mir. Es ist cool, und ich liebe meine Mutter sehr und auch meinen Vater und meine Schwester und meinen kleinen Bruder. Ich hasse die Gewalt, die sich in unserer Stadt breit macht."

„Ich bin Angie. Ich bin sechzehn. Ich liebe das Leben. Natürlich gibt es Tage, die nicht gut sind, und dann ist da auch noch die Schule. Sie ist manchmal anstrengend und ermüdend. Ich kann das Wochenende kaum erwarten, weil man dann keine Schule hat, ausgehen, Freunde treffen und länger wegbleiben kann usw. Manche Kinder finden, das Leben mache einen ganz schön fertig, andere finden es großartig. Es gibt heute viel Druck von der Schule, den Eltern, in Bezug auf Sex und Drogen. Ich glaube, die Erwachsenen haben alle zu viel Stress. Ich glaube, sie lieben ihre Kinder, aber viele verhalten sich Kindern gegenüber nicht sehr fürsorglich."

Die jüngeren Kinder im Alter von sechs bis acht Jahren, die ich befragte, hatten Spaß am Leben, aber nur, wenn in der Familie alles in Ordnung war. War das nicht der Fall, sagten viele von ihnen, das Leben sei traurig und sie fühlten sich einsam. Für Kinder im Alter von neun bis zwölf war das Leben etwas Unberechenbares. Sie machten sich Sorgen über Gewalt und fehlende Sicherheit. Angies Antworten sind typisch für viele Jugendliche. Manche Kinder im Alter von dreizehn bis siebzehn sahen ihr Leben und ihre Zukunft zwar rosig, die Mehrheit jedoch war pessimistisch eingestellt. Ich führte diese Umfrage durch, weil ich wissen wollte, was Kinder wirklich empfinden. Trotz des Wirtschaftswachstums, eines einmaligen Booms auf dem Arbeitsmarkt und trotz eines Maßes an Freiheit, das wohl kaum eine andere Gesellschaftsordnung der Welt bietet, verschlechtert sich für viele die Lebensqualität. Aus ihrer Sicht ist das Leben öde und ohne Perspektive. Das zeigt deutlich, dass Erwachsene und Kinder verwirrt sind und dass die Fähigkeit, Sichtweisen durch die Herzintelligenz zu steuern, in geradezu dramatischem Ausmaß abhanden gekommen ist.

Was sagen die Statistiken?

Umfragen aus dem Jahr 1994 deckten auf, dass in den USA eine abgrundtiefe Kluft zwischen Kindern und Eltern herrscht. Diese Statistik kann uns in dem Entschluss, praktikable Lösungen für das Dilemma zu finden, bestärken oder ihn abschwächen, je nachdem, wie wir sie aufnehmen. Hier finden Sie Alternativen, die Mut machen, Alternativen, die dazu führen, dass wir unsere Kinder, unsere Gesellschaft und uns selbst anders wahrnehmen.

- Laut *Children's Defense Fund* hatten fast 20 Prozent der sechs- bis zwölfjährigen US-amerikanischen Kinder pro Monat nicht einmal ein zehnminütiges Gespräch mit einem Elternteil.

- Sieben Millionen Kinder sind „Schlüsselkinder", die niemand zu Hause erwartet, wenn sie aus der Schule kommen.

- Nur drei Prozent der Jugendlichen sind gerne in Gesellschaft eines Familienangehörigen; 40 Prozent sagen, ihre Eltern seien oft unansprechbar – auch wenn die Mütter nicht außer Haus arbeiten.

- Fast 60 Prozent der befragten Kinder und Jugendlichen sagten, sie hätten Angst, in der Schule zu Opfern von Gewalt zu werden.

- Mehr als 80 Prozent der Jugendlichen machen sich Sorgen über Gewalt, Alkoholismus, Schusswaffen, Sex, Drogen und ihre Berufschancen.

- Nur ganz wenige Jugendliche haben moralische Bedenken in Bezug auf Alkohol oder Betrug; 35 Prozent trinken regelmäßig; 80 Prozent erwarten, dass ihre Probleme sich eher verschlimmern; 60 Prozent haben schon an Selbstmord gedacht.

Woher kommt diese Hoffnungslosigkeit? Welche Denkmuster veranlassen viele Jugendliche dazu, sich wie Menschen zu verhalten, die verletzt wurden, und nicht wie Menschen, die lieben? Kinder spiegeln wider, was sie bei ihren Eltern, Lehrern und anderen erwachsenen Vorbildern beobachten. Wenn wir wollen, dass sie zu verantwortungsbewussten, reifen und fürsorglichen Erwachsenen heranwachsen, müssen wir uns von unseren verbrauchten, veralteten Denkmustern verabschieden.

Die Angst von Kindern vor Gewalttaten ist oft real; wir als Erwachsene sind dafür verantwortlich, eine Umgebung zu schaffen, die auf Liebe, Verständnis und echtem Gemeinschaftssinn beruht, und die entsprechenden Mittel und Wege dafür zu finden. Das Herz sagt uns, wie wir mit diesen schwierigen Problemen fertig werden können. Das heißt nicht, dass Probleme einfach wie durch Zauberei verschwinden werden, doch werden Kreativität und Ausdauer im Umgang mit ihnen in dem Maß wachsen, in dem wir die Intelligenz des Herzens und die daraus resultierende Stärke entdecken.

Wenn beide Eltern arbeiten, lässt es sich oft nicht vermeiden, dass die Kinder ein leeres Haus vorfinden, wenn sie aus der Schule kommen. Doch wenn ihr Umfeld von Liebe und Respekt geprägt ist, wächst ihr Gefühl von Sicherheit. In unserer Gesellschaft gibt es zig Beispiele dafür, wie es armen oder aufgrund ihrer Herkunft benachteiligten Menschen dennoch gelang, ein erfolgreiches, erfülltes Leben zu führen. Die Art und Weise, wie wir die „Karten" betrachten, die man uns „ausgeteilt" hat, ist der Schlüssel zu unserem Erfolg oder Misserfolg.

Die hier erwähnte Statistik und viele andere Statistiken spiegeln einfach die Symptome einer Krankheit wider – einer Art gesellschaftlicher Kurzsichtigkeit. Viele Kinder sehen keinen Ausweg aus ihrer Hoffnungslosigkeit. Wir haben ihnen, ohne uns dessen bewusst zu sein, beigebracht, das Leben mit furchtsamen, wütenden, unsicheren Augen zu betrachten. Die Hoffnungslosigkeit spiegelt die Sichtweisen der Gesellschaft, in der wir leben. Ein junger Mann sagte mir: „Warum sollten Kinder von Schmerzen verschont bleiben? Man kann nichts dagegen tun. Alles bricht zusammen. Jeder ist auf sich allein gestellt." Unzählige Faktoren haben die Angst, den Stress und die Unruhe von Kindern gesteigert –

der Drogenhandel, Schießereien, die wachsende Anzahl von Sozialhilfeempfängern und Obdachlosen, sexuelle Ausbeutung, die geradezu epidemische Ausbreitung von Schwangerschaften Minderjähriger und ständige Berichte über Vergewaltigungen, Mord und Misshandlungen. Um diese Probleme zu lösen, müssen wir einen Paradigmenwechsel vollziehen, dem Herzen die Führung überlassen, das uns liebevoll, fürsorglich und nachhaltig wird handeln lassen.

Genauso gut, wie wir das Leben aus dem Blickwinkel von Schmerz, Elend und Hoffnungslosigkeit betrachten können, können wir uns für eine Perspektive entscheiden, die Wachstum, Hoffnung und Liebe fördert. Kinder sind für positive Sichtweisen unglaublich aufgeschlossen, wenn diese ihnen aufrichtig und vernünftig nahe gebracht werden. Nur wenn die Hoffnung fehlt, werden Kinder später zu harten, zynischen Erwachsenen. Dieser Kreislauf wiederholt sich immer wieder. Als Erwachsene sind wir dafür verantwortlich, unseren Kindern zu vermitteln, was man wissen und beherrschen muss, um Stress-Situationen zu bewältigen. Diese Verantwortung nehmen Eltern auf sich, wenn sie ein Kind bekommen. Doch die Eltern brauchen Hilfe und Unterstützung von Seiten der Gesellschaft.

Kürzlich beobachtete ich in der Warteschlange an der Supermarktkasse, wie ein Fünfjähriger seine Mutter testete. Er wollte Kaugummi, und sie wollte ihm keinen kaufen. Er machte eine Szene. Sie zischte ständig: „Sei ruhig!" Die Erwachsenen schüttelten den Kopf und warfen der Mutter vorwurfsvolle Blicke zu, die besagten: „Das ist alles deine Schuld." Die Mutter ließ ihre Einkäufe stehen, schnappte sich ihr Kind und lief aus dem Laden. Ich dachte mir, wie viel besser es sich auf dieser Welt doch leben ließe, wenn mehr Erwachsene wüssten, wie man Liebe schenkt. Es hilft nichts, mit dem Finger auf Eltern oder Lehrer zu zeigen und zu sagen, was ihnen Schwierigkeiten mache, sei doch ihr Problem. Die Statistiken, die besagen, dass bei Jugendlichen Gewalttaten, Drogenmissbrauch, Bandenbildung und Analphabetismus auf dem Vormarsch sind, weisen uns darauf hin, dass es unser aller Problem ist. Mit diesem Buch möchte ich Hoffnung wecken und Lösungsmöglichkeiten anbieten. Denn es ist eine unbestreitbare Tatsache, dass jegliche Negativität aus einer bestimmten Sichtweise und unserer Unfähigkeit resultiert, uns selbst geistig und emotional so zu organisieren, dass wir eine andere Wirklichkeit sehen können.

Die Kraft des Herzens

Während meiner Forschungen zum Thema „Stress und Verhalten" erkannte ich, dass das für den Stressabbau, die Vermittlung ethischer Werte oder Selbsthilfeprogramme nötige, aber fehlende Korrektiv das Wissen um die Kraft des Herzens ist. In der Tat ist das Herz geradezu prädestiniert dafür, im kollektiven Bewusstsein die Hauptrolle zu spielen. Die wichtigste Aufgabe eines Heranwachsenden ist das Erlernen der Fähigkeit, die Kraft des eigenen Herzens als unbegrenzte Quelle von Weisheit und Intuition zu nutzen, um im Lauf seines Lebens für sich gute Entscheidungen treffen zu können. Wenn wir unseren Kindern beibringen, ihre eigenen inneren Feedback-Signale zu verstehen – mit der Intelligenz ihrer Herzen – sind die Herausforderungen unserer Zeit lösbar.

Erwachsene bezeichnen Kinder sentimental als „Hoffnung für die Zukunft". Die Kinder der neunziger Jahre jedoch waren die erste Generation, die schrie: „Wir haben keine Hoffnung!" Neue Hilfestellungen sind gefragt. Kinder brauchen Techniken, die ihnen klarmachen, dass Stress eine ungenutzte Chance ist, sich stärker und sicherer zu fühlen – eine Herausforderung und keine Bedrohung.

In den sechziger Jahren waren viele Teenager voller Hoffnung und hielten ihr Leben für sinnvoll – obwohl in jenem Jahrzehnt Präsident Kennedy, Martin Luther King, Bobby Kennedy und Malcolm X ermordet wurden.

Die Kleidung, die Hippies trugen, und die freie Liebe, die sie praktizierten, waren Ausdruck der Rebellion gegen die Wertmaß-

stäbe der Eltern, aber auch Ausdruck von Idealismus: Viele hoff-
ten, die Jugend würde die Welt verändern. Anscheinend hat jedes
Jahrzehnt sein eigenes Motto. Die meisten Kinder der Hippies waren Ende der siebziger und in den achtziger Jahren im Teenager-
alter. Extreme Denkweisen fanden ihren Ausdruck in Punk und
Grunge. Jetzt, 20 oder 30 Jahre später, nennt man diese Generation in Amerika die „Babybusters" (Babyvertreiber) oder die „Generation X". Ihre Vertreter sind oft zynisch und pessimistisch und
meinen, ihre Zukunft sei zugunsten der sozialen Wohlfahrt, aufgrund einer ungeheuren Staatsverschuldung und des Mangels an
guten Arbeitsplätzen verpfändet worden. Wieder liegt die Wurzel
des Übels in der Art und Weise, Dinge zu betrachten.

Seit Mitte der neunziger Jahre tragen Elf- bis Neunzehnjährige
verkehrt herum aufgesetzte Schildmützen, übergroße Hemden und
Hosen. Können wir entziffern, was sie damit sagen wollen?
Drückt sich darin der Wunsch nach einem lockereren Lebensstil
aus? Sagen sie: „Das Leben ist ein Witz, weil wir nicht wissen,
was wir sonst davon halten sollen?" Oder sagen sie in Wirklichkeit: „Wir wissen nicht, welchen Weg wir einschlagen, was wir
tun oder wie wir unsere Fürsorglichkeit zeigen sollen? Bis jetzt
scheint das Leben sinnlos." Welche Werte setzen dem Zynismus
ein Ende, der nun bereits die Jugend „runterzieht"? Zu viel Stress
erzeugt Hoffnungslosigkeit und Pessimismus. Meiner Auffassung
nach brauchen Kinder Hilfe, um mit ihrem persönlichen und dem
gesellschaftlichen Stress fertig zu werden, um über den Dingen
stehen und sie aus einer hoffnungsfroheren Perspektive betrachten
zu können. Sie müssen neue Techniken erlernen, um die tief im
Herzen verborgenen Werte aufzuspüren, zu verstehen und zu aktivieren und mit ihnen zu neuer Kraft, zu Klarheit, Liebe, Mut und
Mitgefühl zu finden. Sie können nicht warten, bis die Gesellschaft
sich ändert. Sie brauchen jetzt Hilfe.

Auch Eltern sind heutzutage auf wirksame Techniken angewiesen, um Stress abbauen und während des Paradigmenwechsels ihren Blickwinkel erweitern zu können. Wenn Wut in Ihnen aufsteigt und Sie Ihr Kind anbrüllen oder schlagen, lernt das Kind,

dass man so mit Frustration und Stress umgeht. Die fünfzehnjährige Diana erzählte mir folgende Episode:

„Einmal konnten wir zu dritt beobachten, wie eine meiner Freundinnen aus der Oberstufe in einen Streit mit ihrer Mutter geriet. Meine Freundin ist sehr klug und wirklich nett. Ihre Mutter schrie und brüllte und hob die Hand, sodass meine Freundin sie aus Angst schlug. Da packte die Mutter sie bei den Haaren und verprügelte sie. Meine Freundin stieß ihr das Knie in den Leib und rannte davon. Das war wirklich ein Schock für mich."

Frustrierte Eltern müssen sich darauf besinnen, dass sie sich für ein Kind entschieden haben, und zu der damit verbundenen Aufgabe stehen. Manche Eltern haben das Gefühl, in der Falle zu sitzen, eine zwanzigjährige Gefängnisstrafe absitzen zu müssen. Das muss nicht so sein. Es ist möglich, seine Individualität zu bewahren und inneren Frieden und Erfüllung zu finden, während man lernt, sich neue Möglichkeiten zu erschließen, ein Kind in dieser Zeit des globalen Paradigmenwechsels zu lieben und großzuziehen.

Szenen wie die oben beschriebene sind nicht ungewöhnlich. Unser Körper reagiert auf Stress durch das Ausschütten von Hormonen, die uns flucht- oder kampfbereit machen. Das bedeutet, dass man entweder aggressiv reagiert oder versucht, der Situation zu entfliehen. Dieser Abwehrmechanismus ist in echten Gefahrensituationen von existenzieller Bedeutung, von dem Stress, dem viele Menschen heutzutage ausgesetzt sind, befreit er nicht. Und er verhindert auch nicht, dass die Kommunikation zusammenbricht. Ob ein Mensch kämpft oder sich zurückzieht, hängt von seiner Sichtweise und seinem Charakter ab. Was würden Sie tun, wenn Sie heute in der Haut eines Kindes oder Jugendlichen steckten? Tausende von Kindern schließen sich Cliquen an, nehmen Drogen oder trinken Alkohol, um dem Stress zu entkommen. Viele sehen keine andere Möglichkeit.

Wir alle müssen lernen, dass es ganz allein an uns liegt, ob wir uns von den düsteren Zukunftsaussichten in Bann ziehen lassen oder ein realistisches, reifes Verständnis dafür entwickeln, weshalb

Erwachsene und Kinder die Welt so und nicht anders sehen. Bei besagter Schnelllebigkeit ist es kein Wunder, dass viele Eltern einfach nicht wissen, wie man heutzutage Kinder großziehen soll. Wenn das Negative unsere Ansichten zu prägen beginnt, weil Gesellschaft und Medien ständig Negatives ausposaunen, verpasst man die guten Gelegenheiten im Leben. Haben wir uns jedoch die Fähigkeit erarbeitet, uns auf das Herz zu besinnen und rasch einen universaleren Blickwinkel zu finden, haben wir die Chance, es besser zu machen. Für den, der mit dem Herzen sieht, ist die Welt weit weniger öde, als die Statistiken vermitteln. Eine Welt voller Wunder, unvorstellbarer Möglichkeiten und Abenteuer umgibt unsere Kinder – um sie zu finden, bedürfen sie nur ihres Herzens.

Herzintelligenz verhilft zu neuen Perspektiven

Dass es für den Stressabbau einer Kraft bedarf, die stärker ist als die üblichen Denk- und Sichtweisen, ist nicht schwer zu verstehen. Der Ort, an dem man Zugang zu dieser Kraftquelle findet, ist das Herz. Die Kraft des Herzens ist elektrisierende innere Stärke und inneres Potential. Das ist die Kraft, die uns befähigt, uns aus eigenem Antrieb selbst zu verwirklichen und ganz zu werden, Harmonie und Erfüllung zu finden. Das ist die Kraft, die wir brauchen, um die üblichen Ansichten und Einstellungen, die so viel Stress verursachen, abzustreifen.

Wenn Sie lernen, das Leben aus der Herzperspektive zu betrachten, entfaltet sich eine dem Herzen innewohnende Intelligenz. Was bedeutet Herzintelligenz? Der Experte für Entwicklungspsychologie und Autor des Buches *Der nächste Schritt der Menschheit*, Joseph Chilton Pearce, sagt dazu: „Es gibt einen direkten Zusammenhang zwischen den ‚Herzensangelegenheiten‘ und dem Gehirn, und damit das Gehirn effektiver arbeitet, muss sich die natürliche Intelligenz des Herzens entfalten."[7]

Das Herz ist in der Tat ein äußerst intelligentes Organ. Der Ursprung des Herzschlags liegt im Herzen, und dieses bleibt in sei-

nem eigenen Rhythmus. Das elektrische Feld des Herzens ist vier-
zig- bis sechzigmal stärker als das elektrische Feld des Gehirns.
Elektrische Signale, die vom Herzen ans Gehirn gesendet werden,
ändern und erweitern die Gehirnfunktionen.[8]

Die natürliche Intelligenz des Herzens wird oft als Intuition bezeichnet, als eine leise, schwache Stimme, inneres Wissen, Weisheit
oder einfach als gesunder Menschenverstand. Intuition bedeutet
„Eingebung, ahnendes Erfassen", Intuition ist ein Wissen oder
Verstehen, das aus einem selbst entspringt. Das Herz hat eine Intelligenz, die sich von der des Verstandes unterscheidet – eine Intelligenz, die so beschaffen ist, dass sie für alles Unbewusste und
Bewusste Sorge trägt. Herzintelligenz umfasst die Intelligenz des
Kopfes, sie ist die primäre, grundlegende Kraft in unserem Leben.
Sie ist eine Art von Intelligenz, die sich anfühlt wie greifbare In-
tuition – klar und wirkungsvoll.

Der globale Paradigmenwechsel zu einer humaneren, kooperati-
veren und liebevolleren Welt findet statt, wenn Menschen einen
inneren Paradigmenwandel vollzogen – von der Intelligenz des
Kopfes auf die Intelligenz des Herzens umgeschaltet – haben. Die
Atmosphäre von Negativität, die entstanden ist, weil wir die Gesellschaft, unsere Kinder und uns selbst so negativ sehen, hat viele
von uns aufgerüttelt und von den traditionellen Denkweisen abge-
bracht. Mehr als je zuvor überprüfen Menschen die Annahmen,
die ihr Leben sowohl auf der persönlichen als auch auf der beruf-
lichen Ebene bislang bestimmten. Diese Selbstreflexion, die ganz
normale Leute erkennen lässt, dass es besser ist, das Leben aus einem anderen Blickwinkel zu betrachten und anders darauf zu reagieren, kündigt den bedeutendsten Paradigmenwechsel aller Zeiten
an – den Wechsel zur Herzperspektive. Dieser wird nicht dadurch
vorangetrieben werden, dass Unternehmen kühne, neue Technolo-
gien einführen, oder dadurch, dass sich die demographischen Bedingungen unserer Gesellschaft verändern. Er wird beim einzelnen
Menschen einsetzen und in der Familie. Herzintelligenz ist die
Hoffnung des 21. Jahrhunderts.

Rufen Sie sich ins Gedächtnis, dass Herzintelligenz etwas ist, das sich entwickeln muss. Schulen Kinder nur ihren Intellekt und nicht ihre Herzintelligenz, lässt ihr Geist sich leicht von ihrem Hunger nach Neuem verführen und gerät unter Stress, da er ohne Rücksicht auf das Wohlergehen seines Besitzers oder anderer Menschen aktiv ist.[9]

Herzintelligenz bringt neue Hoffnung. Sie repräsentiert zugleich das Wesen des Kindes als auch des verantwortungsbewussten Erwachsenen in uns. Ist das nicht ein Geschenk, das wir unseren Kindern gerne zukommen ließen?

Herzintelligenz ist die organisierte Form intuitiver Intelligenz, die jeder in sich trägt, zu der die meisten Menschen jedoch bislang keinen Zugang fanden oder nach der zu handeln ihnen auf Dauer nicht gelang. Das HEARTMATH – HERZINTELLIGENZ-System liefert psychologische Gleichungen, die auf dem gesunden Menschenverstand beruhen – es ist die Mathematik und Wissenschaft des Lebens aus dem Herzen. Es ermöglicht Kindern und Eltern die Einsicht, dass sie tatsächlich entscheiden können, aus welchem Blickwinkel sie das Leben betrachten wollen.

HEARTMATH – HERZINTELLIGENZ hat sich bereits auf das Leben vieler Erwachsener, Kinder und Familien wohltuend ausgewirkt. Die Methode wurde in Schulen, mit gefährdeten Jugendlichen und in Heimen ausprobiert. Beispiele wie die folgenden zeugen von ihrem Erfolg: Ein Elfjähriger, der Antidepressiva nehmen musste, sagte seinem Arzt, jetzt, da er seinen Stress mit Hilfe der HEART-MATH – HERZINTELLIGENZ-Techniken bewältigen könne, brauche er keine Medikamente mehr. Der Arzt erkannte, welche Veränderung in dem Jungen vorgegangen war, und gab sein Einverständnis. Ein verhaltensgestörter Fünfjähriger schlug regelmäßig andere Kinder und brüllte erbarmungslos. Seine Eltern sagten, er habe noch nie länger als zwölf Stunden ohne Schreianfall durchgehalten. Seine Lehrerin brachte ihm die FFREEZE-FRAME-Technik bei und beobachtete mit Erstaunen, wie sehr sich sein Verhalten besserte. Kinder sind flexibler als Erwachsene und haben deshalb häufig schnelle Erfolgserlebnisse. Viele Menschen hungern geradezu nach Möglichkeiten, sich selbst zu helfen und neue Hoffnung zu schöpfen.

Es gibt heute zahlreiche Bücher und Programme zur Frage: „Wie kann ich Stärke entwickeln?" Manche verstehen unter Stärkung der eigenen Person so etwas wie Machtzuwachs oder die Zunahme von Autorität durch äußere – offizielle – Legitimation. Unsere Studien zeigen, dass wahre Stärke von innen kommt. Seine Stärke finden heißt jene Kraft zu entwickeln, die nötig ist, um sein Bewusstsein erweitern und die Welt klar sehen zu können. Dieser Prozess beginnt damit, dass wir verstehen lernen. Dazu gehört, dass wir die uns verfügbare Kraft des Herzens erkennen und entdecken, wie man Energie so lenkt, dass sie uns selbst und anderen zugute kommt. Wenn Erwachsene und Kinder sich all dem öffnen, was das Herz wahrnimmt, werden sich Standpunkte und Einstellungen grundlegend ändern. Die Kinder werden unserem Beispiel folgen.

Kapitel 3

Intuitives Verständnis aus dem Herzen

Intuition ist eine der gefragtesten Fähigkeiten, die alle Menschen, besonders aber Eltern, außerordentlich schätzen. Dennoch ist sie schwer zu fassen. Unter Intuition versteht man das Auftauchen klarer Empfindungen und Wahrnehmungen, die ein Gefühl inneren Wissens erzeugen. Allgemein herrscht die Annahme, intuitives Wissen sei gleichzusetzen mit einem Geistesblitz. Untersuchungen weisen jedoch darauf hin, dass die Herzfrequenzen die höheren Wahrnehmungszentren im Gehirn zum „Aufleuchten" bringen und dann ein „Aha-Gefühl" aufblitzt. Erst danach bringt der Verstand die Gedanken oder Bilder hervor, die der Intuition Sinn verleihen und Verständnis herstellen. Das Herz ist der richtige Ansatzpunkt, um herausragende geistige Leistungen zu vollbringen.

Intuitives Verständnis aus dem Herzen bedeutet, dass man sich vom gesunden Menschenverstand durch das Leben führen lässt. Unsere Studien haben bewiesen, dass es tatsächlich möglich ist, zu einer hoffnungsvolleren Perspektive zu gelangen – Fakten sowohl realistisch zu sehen als auch intuitiv zu wissen, dass es noch andere Möglichkeiten gibt. Um Kindern dieses intuitive Verständnis zu vermitteln, müssen Sie als Erwachsene zuerst beobachten und zur Kenntnis nehmen, wie diese das Leben sehen. Nur dann können Sie ihnen einen anderen Standpunkt verständlich zu machen suchen. Intuitives Verständnis kann die Kindererziehung sehr erleichtern.

Es gibt eine Art stillschweigende Vereinbarung, nach deren Regeln wortlose Kommunikationsprozesse ablaufen. Die Energie, die dabei übertragen wird, ist in Wirklichkeit ein Bewusstseinszustand. Ein Baby kann die Wesenszüge eines Menschen intuitiv erfassen. Beobachten Sie einmal, wie Babys Fremden in die Augen zu starren scheinen, um deren Energie zu spüren. Sie können mit dem Baby sprechen oder brabbeln, und es wird Sie mit großen Augen einfach so lange anstarren, bis seine Neugier befriedigt ist, dann wird es lächeln, weinen oder wegschauen.

Eine Mutter kommuniziert mit ihrem Säugling mit Hilfe der Intuition des Herzens – durch Liebe, manchmal ohne Worte. Ein drei Monate altes Baby empfindet die Worte, die die Mutter äußert, als Klangteppich. Wenn Sie 30 Minuten lang liebevoll Unsinn daherreden, wird ein Baby mit konzentrierter Aufmerksamkeit zuhören und die Gabe dankend annehmen. Wenn ein zweijähriges Kleinkind zu sprechen beginnt, sagt es „gib" oder „Mama" oder „wollen". Weil die Mutter das Kind liebt und für es sorgt, versteht sie, was es sagen will, und ergänzt die fehlenden Wörter. „Ich weiß schon, du möchtest ein bisschen Joghurt", antwortet sie und bestätigt damit, dass sie begriffen hat. Das Kleine lächelt und nickt. Mit ihrem Kind zu kommunizieren bedeutet für Eltern, kontinuierliche Fortschritte im Erziehungsprozess zu erzielen. Je mehr sie es respektieren, desto besser können sie verstehen, wie das Kind die Welt sieht.

Worte dominieren Gefühle, weil wir ständig über unsere Empfindungen nachdenken oder mit anderen darüber sprechen. Wenn Ehepartner sich über Kinder, Arbeit, Haushaltsangelegenheiten usw. nur per Sprache verständigen, bleiben die damit verknüpften Gefühle oft unbeachtet. Bedenkt man, dass uns zusätzlich ein unaufhörlicher Strom unausgesprochener Gedanken durch den Kopf geht, wird verständlich, warum die meisten Menschen die intuitiven Frequenzen kaum wahrnehmen. Sie sind erschöpft, weil sie sich in einer geistigen Tretmühle befinden, die die intuitiven Signale übertönt. Als Folge davon fühlen sie sich ständig verunsichert.

Die menschliche Intelligenz umfasst potentiell ein breites Spektrum an Frequenzen. Der Verstand stellt nur einen Teil der uns verfügbaren Intelligenz dar. Intuition ist an eine andere Intelligenzebene geknüpft und wird dem Geist durch die Herzfrequenzen – Liebe, Mitgefühl, Anerkennung usw. – vermittelt. Diese intuitive Intelligenz des Herzens fördert die Kreativität, die Fähigkeit, Probleme rasch zu lösen und richtige Entscheidungen zu treffen. Studien zeigen, dass Herzschlag und Hirnstromwellen bei Menschen, die die FREEZE-FRAME-Technik anwenden und von intuitiven „Aha-Erlebnissen" berichten, auf die gleiche harmonische Frequenz einschwingen.[9]

Viele Kinder haben ein intuitives Gespür für Menschen, die ihnen nahe stehen. Ein Kind, das sich auf sein Herz besinnt, weiß, wann die Eltern oder ein Freund ein freundliches Wort, eine Umarmung oder verbale Unterstützung brauchen. Wenn seine Hilfe fruchtet, merkt es, dass es dem Wissen, das vom Herzen kommt, vertrauen kann, und erhält so die Bestätigung für seine Intuition. Kinder können ihre Intuition auch nutzen, um dem Druck von Gleichaltrigen Paroli zu bieten. Der dreizehnjährige Scott entscheidet intuitiv, wo er eine Grenze ziehen und nein sagen muss. Er berichtete mir: „Wirklich in Schwierigkeiten gerate ich dann, wenn ich nicht auf mich höre. Ich weiß das irgendwie innerlich."

Selbst physiologisch gesehen ist das Herz ein ungewöhnliches Organ. Seine Zellen spielen eine einzigartige Doppelrolle. Sie kontrahieren und dehnen sich rhythmisch aus, um Blut durch die Adern zu pumpen, und sie „kommunizieren" mit ihren Nachbarzellen. Forscher fanden heraus, dass zwei Herzzellen, die sich nahe beieinander befinden, ohne einander zu berühren, bald im gleichen Rhythmus schlagen.[7, 10] Das Herz, das aus Milliarden von Zellen zusammengesetzt ist, die im Einklang miteinander schlagen, steht unter der Regie einer höheren, nicht lokalisierbaren Intelligenz. Diese Herzzellen „kommunizieren" durch ein universelleres Intelligenzfeld, ein größeres „Herz" – das kreative Bewusstsein. Vielleicht erklärt das, warum so viele Religionen das Herz als Sitz der Seele betrachten.

Am IHM gibt es eine Abteilung für Forschung und Training, die Intui-Technology®. Sie widmet sich der Aufgabe, die Kraft des Herzens aus allen Blickwinkeln zu beleuchten und das daraus gewonnene Verständnis in ein System zu übertragen, das den Menschen hilft, ihre eigene Stärke zu entdecken. Die Intuition entwickelt sich in dem Maße, in dem man sich bewusst um ihre Entwicklung und ihre Umsetzung bemüht. Ein Kind, das die FREEZE-FRAME-Technik übt, lernt die Intelligenz des Herzens von emotionalen Impulsen zu unterscheiden, intuitive Gedanken zu entwickeln und aufzunehmen, die ihm ermöglichen, bessere Entscheidungen als zuvor zu treffen. Dabei verfährt man nicht anders als beim Erlernen eines Musikinstruments: Man bedarf grundlegender Anleitung und muss üben. Bitte haben Sie Verständnis dafür, dass es Zeit braucht, bis sich die Sichtweise eines Kindes ändert. Grundvoraussetzung dafür ist, dass man dem Kind, was das Verständnis von Dingen anbelangt, immer einen Schritt voraus ist; so ist man in der Lage, es durch die Höhen und Tiefen des Lebens zu begleiten. Wenn Sie die Techniken dieses Buches üben, werden sich sukzessive Erfolge einstellen. Dabei wird das Gefühl von Erfüllung wachsen und der Stress sich verringern.

FREEZE-FRAME ist eine Technik, die sowohl von Eltern als auch von Kindern angewendet werden kann, um Herzintelligenz zu entwickeln. Kinder lernen dabei zu beobachten, Dinge ins rechte Licht zu rücken und Gedanken zu entwickeln, die zum Verständnis der Gefühle beitragen. Das ist tröstlich für sie und macht ihnen klar, dass sie tatsächlich eine Wahl haben.

Was ist FREEZE-FRAME?

Ein Kind erwirbt Wissen, um sein Leben selbst in die Hand nehmen zu können. Mit Hilfe der FREEZE-FRAME-Technik kann jeder Mensch lernen, intelligenter als bisher „Regie zu führen". Halten Sie den Film Ihres Lebens einen Augenblick lang an. Konzentrieren Sie sich auf Ihr Herz, um von ihm Regieanweisungen zu erhalten. Das lässt sich mit dem Drücken der Pausetaste bei einem

Videorekorder vergleichen. Tatsächlich stoppt man den Film des Lebens, um augenblicklich eine bessere Realität zu schaffen. Halten Sie den Film an – das Bild bleibt stehen –, und fragen Sie Ihr Herz um Rat. Was Sie als Nächstes sehen, bestimmt, wie die folgende Filmszene aussieht. Jeder Mensch kreiert seinen eigenen Film, indem er wahrnimmt und jeden Augenblick Entscheidungen trifft.

Die fünf Schritte der Freeze-Frame-Technik

1. Erkennen Sie den Stress, und begegnen Sie ihm mit der Freeze-Frame-Übung. Nehmen Sie eine Auszeit!

2. Bemühen Sie sich aufrichtig, den rasenden Gedanken oder durcheinander gewirbelten Emotionen Ihre Aufmerksamkeit zu entziehen und diese stattdessen auf Ihre Herzgegend zu lenken. Stellen Sie sich vor, Sie würden mit dem Herzen atmen, das hilft, die Energie auf diesen Bereich zu konzentrieren. Bleiben Sie mit Ihrer Aufmerksamkeit zehn Sekunden oder länger dort.

3. Erinnern Sie sich an ein positives Gefühl, das Sie heiter stimmte, oder eine schöne Zeit in Ihrem Leben, und versuchen Sie sich dieses Gefühl oder diese Zeit zu vergegenwärtigen.

4. Fragen Sie nun – mit Hilfe Ihrer Intuition, Ihres gesunden Menschenverstandes – Ihr Herz um Rat, welche Reaktion auf die Situation, die Ihnen zu schaffen macht, angebracht wäre, welche Reaktion dafür sorgt, dass Sie in Zukunft weniger Stress haben.

5. Hören Sie auf die Antwort Ihres Herzens. (Das ist eine gute Möglichkeit, Ihren blindlings reagierenden Verstand und Ihre Gefühle unter Kontrolle zu halten – überdies ist das Herz eine innere Quelle für vernünftige Lösungen.)

Im Folgenden finden Sie eine detaillierte Schilderung der FREEZE-FRAME-Technik als Mittel intuitiver Erkenntnis. Anhand eines Beispiels erläutere ich Schritt für Schritt, wie ich die Technik einsetzte, um mit aufgebrachten Kindern umzugehen, und welche Vorteile mir dieses Vorgehen brachte. (Weitere Erläuterungen zu dieser Technik finden Sie in dem Buch: *FREEZE-FRAME: Fast Action Stress Relief* .)

1. Schritt: Erkennen Sie den Stress, und begegnen Sie ihm mit der FREEZE-FRAME-Übung. Nehmen Sie eine Auszeit!

Ich war gerade von einer Marketingbesprechung nach Hause gekommen und machte mir Sorgen wegen Verzögerungen in der Produktion und zig unerledigter Bestellungen. Ich wollte gerade zum Telefonhörer greifen, um herauszufinden, wie viele Bestellungen liegen geblieben waren, als ich den achtjährigen Josh und den siebenjährigen Blake im Wohnzimmer brüllen hörte. Ein Buch kam in den Gang geflogen. „Dafür habe ich jetzt keine Zeit", brummelte ich vor mich hin und stürmte ins Wohnzimmer. „Was ist hier los? Wer wirft hier mit Büchern?", schrie ich ungeduldig. Wütendes Stimmengewirr empfing mich: „Ich sagte, er sagte, nein, ich nicht, doch, du warst es ..." Josh schrie am lautesten, also sagte ich zu ihm, er solle sich beruhigen. „Aber ich war es doch nicht", protestierte er. „Warum kriege immer ich die Schuld?" „Ruhe, jetzt sind alle mal ganz still", brüllte ich, um den Lärm zu übertönen. Josh wollte nicht auf mich hören und wiederholte mit schriller Stimme: „Aber er hat angefangen, ich habe doch gar nichts gemacht." Dann gewann Blake die Oberhand: „Und ob! Und ob du etwas gemacht hast, Josh, du hast mir zuerst das Buch weggenommen." Der Lärm und das Geschrei machten es unmöglich, einen Gedanken zu fassen. „Ich halte diese ewigen Streitereien nicht mehr aus. Sie gehen mir auf die Nerven. Das lasse ich mir nicht gefallen", dachte ich zum hundertsten Mal. Ich spürte meinen Blutdruck mit jedem frustrierenden Gedanken steigen. Auch wurde das Gefühl, ich vergeude meine Zeit und müsse dringend meinen Anruf erledigen, immer stärker. Mir wurde klar, dass ich Stress hatte, und ich beschloss, die FREEZE-FRAME-Technik anzuwenden, um nicht zu explodieren. Würde ich die Kinder in Rage auf ihre Zimmer schicken, würde ich mich später doch um sie kümmern müssen. Mir stand der Sinn gar nicht danach, inmitten dieses Tumults eine Auszeit zu nehmen, aber ich wusste, dass mich das beruhigen würde. Also tat ich es. So verläuft also der erste Schritt: Erkennen Sie den Stress, und begegnen Sie ihm mit der FREEZE-FRAME-Übung. Nehmen Sie eine Auszeit!

2. Schritt: Bemühen Sie sich aufrichtig, den rasenden Gedanken oder durcheinander gewirbelten Emotionen Ihre Aufmerksamkeit zu entziehen und diese stattdessen auf Ihre Herzgegend zu lenken. Stellen Sie sich vor, Sie würden mit dem Herzen atmen, das hilft, die Energie auf diesen Bereich zu konzentrieren. Bleiben Sie mit Ihrer Aufmerksamkeit zehn Sekunden oder länger dort.

Ich stand ganz still und beobachtete das Geschehen einen Augenblick lang, entzog den Kindern und meiner Ungeduld meine Aufmerksamkeit und lenkte sie auf meine Herzgegend. Ich schaltete in den „Leerlauf" und achtete einige Sekunden lang darauf, wie ich mit dem Herzen „atmete". Den nicht nachlassenden Tumult um mich her ignorierte ich. Nach ungefähr zehn Sekunden spürte ich, wie mein Herzschlag sich verlangsamte und ich ruhig wurde. Das war der zweite Schritt.

3. Schritt: Erinnern Sie sich an ein positives Gefühl, das Sie heiter stimmte, oder eine schöne Zeit in Ihrem Leben, und versuchen Sie sich dieses Gefühl oder diese Zeit zu vergegenwärtigen.

Jetzt, da ich mich beruhigt hatte, erinnerte ich mich daran, dass die Buben und ich erst vor einer Woche eine Tour durch die Hügel gemacht und dabei viel Spaß gehabt hatten. Sie waren wirklich liebe Kinder, nur manchmal etwas wild. Es hatte tagelang geregnet, und sie waren unruhig. Während ich sie so liebevoll betrachtete, kam Josh zu mir und fragte mit einem kleinen Lächeln: „Was machst du denn?" Auch Blake schaute zu mir auf. Ich sagte gar nichts, sondern machte den vierten Schritt.

4. Schritt: Fragen Sie nun – mit Hilfe Ihrer Intuition, Ihres gesunden Menschenverstandes – Ihr Herz um Rat, welche Reaktion auf die Situation, die Ihnen zu schaffen macht, angebracht wäre, welche Reaktion dafür sorgt, dass Sie in Zukunft weniger Stress haben.

Ganz ruhig fragte ich mein Herz, wie ich mit den beiden Jungs besser zurande kommen könnte, sodass es weniger Streit gäbe und ich mich, wenn sie sich stritten, nicht so sehr aufregen würde. Sie waren still geworden, während ich einfach so dastand. Josh nestelte am Gürtel meiner Jacke herum, und Blake holte das Buch aus dem Flur. Als sich meine Emotionen und meine Gedanken beruhigt hatten und Friede in mein Herz eingekehrt war, kam mir der Gedanke, dass eigentlich gar nichts Schlimmes passiert war. Die Buben hatten tagelang drinnen spielen müssen und wussten nichts mit sich anzufangen. Zugleich sollten sie lernen, an Regentagen ihre rastlose Energie zu bezähmen. Ich spürte deutlich, dass ich nur ruhig mit ihnen zu sprechen brauchte, ihnen sagen musste, was ich beobachtet hatte, und ihnen zuhören sollte.

5. Schritt: Hören Sie auf die Antwort Ihres Herzens. (Das ist eine gute Möglichkeit, Ihren blindlings reagierenden Verstand und Ihre Gefühle unter Kontrolle zu halten – überdies ist das Herz eine innere Quelle für vernünftige Lösungen.)

Also setzte ich mich aufs Sofa und sagte ihnen, ich verstünde schon, dass es schwer sei, bei Regen drinnen zu bleiben. Ich bat sie, mir nacheinander zu erzählen, was sie ihrer Meinung nach anders machen könnten, um Streit zu vermeiden, und einander dabei aufmerksam zuzuhören. Josh ergriff als Erster das Wort: „Außer Lesen gibt es nichts zu tun, und er hatte das Buch, das ich haben wollte." Ich wies ihn darauf hin, dass die Frage gelautet hatte: „Was könntest du anders machen?" Josh hielt inne und erwiderte dann: „Ich hätte ihn fragen können, ob wir es zusammen lesen." Dann stellte ich Blake dieselbe Frage. Er antwortete: „Ich hätte Josh dabei helfen können, ein anderes Buch zu finden, oder vielleicht hätten wir ein Spiel machen können." Ich fand ihre Ideen gut und erklärte, dass es nicht in Ordnung sei, jemandem ein Buch aus der Hand zu reißen, selbst wenn man es haben wollte, und genauso wenig sei es in Ordnung, Bücher herumzuwerfen. Deshalb müssten sie jetzt zehn Minuten im Wohnzimmer Ordnung machen und ihre Bücher, Spiele und alle weiteren Sachen aufräumen. Wenn sie das still erledigten, während ich mein Telefonat führte, könnten wir danach unsere Stiefel und Regenmäntel anziehen und etwas Schönes unternehmen. Die Jungs waren einverstanden. Es machte mir Spaß, ein kleines Abenteuer am Bach zu planen, wo wir nachsehen wollten, ob der Abflusskanal vom Regen überflutet worden war. Am Telefon verhielt ich mich ruhiger, als ich es ohne diesen Zwischenfall gewesen wäre. Mein Blickwinkel hatte sich erweitert, es war mir klar geworden, dass die Buben körperliche Bewegung brauchten, ich Entspannung und Bewegung nötig hatte, den Abflusskanal überprüfen musste und ein bisschen herumstöbern wollte. Wir hatten Spaß, und die FREEZE-FRAME-Technik hatte mir eine ganz vernünftige Einsicht vermittelt, die mir half, mehrere Dinge auf einmal zuwege zu bringen. Das war der fünfte Schritt: Hören Sie auf die Antwort Ihres Herzens.

Wenn Sie mit der FREEZE-FRAME-Technik zu experimentieren beginnen und sich erst im Nachhinein an die Übungssequenzen im Einzelnen erinnern, lassen Sie sich davon nicht entmutigen. Viele Menschen beschäftigen sich stunden-, tage-, wochen-, monate- oder jahrelang mit negativen Gedanken und Gefühlen. Die FREEZE-FRAME-Technik dient dazu, die Zeitspanne, in der unnötiger Stress an einem nagt, zu verkürzen. Lenkt man die Aufmerksamkeit statt auf das Problem auf das Herz, trägt das dazu bei, die Energie vom Kopf abzuziehen. Nehmen Sie sich einen Augenblick Zeit, um sich zu entspannen. Dies erlaubt Ihnen, andere, effektivere Lösungsmöglichkeiten als die gewohnten in Betracht zu ziehen. Von Natur aus würde jeder Mensch vor einer Entscheidung innehalten, um die Situation gründlich zu überprüfen. Wenn Sie die Regie für den Film Ihres Lebens übernehmen wollen, dürfen Sie nicht länger einfach nur als Darsteller agieren, Sie müssen ein

wenig Abstand gewinnen und sich Überblick über das Ganze verschaffen.

FREEZE-FRAME ist nicht dasselbe wie „erst mal tief Luft holen"
oder „erst mal bis zehn zählen". Um bis zehn zu zählen, braucht
man nur den Verstand, und es kann gut sein, dass es den Blickwinkel kein bisschen erweitert. Deshalb zielt FREEZE-FRAME darauf ab,
Energie auf das Herz zu lenken und dessen Kraft zu nutzen. Die
Erinnerung an eine positive Episode oder ein positives Gefühl verhilft Ihnen zu mehr Klarheit und Differenzierungsvermögen in
Bezug auf Ihre gegenwärtige Situation. Rufen Sie sich ein schönes
Natur- oder Ferienerlebnis, eine Begebenheit mit einem guten
Freund oder Ihrem Kind o. ä. ins Gedächtnis. Erinnern Sie sich
daran, wie Sie sich damals fühlten. Dieses positive Gefühl ist es,
das die Kraft des Herzens aktiviert und Ihnen dazu verhilft, Ihre
guten Vorsätze zu verwirklichen. Empfanden Sie in diesen Augenblicken Dankbarkeit, etwas wie Anerkennung, Fürsorglichkeit,
Mitgefühl oder Liebe?

Es mag schwierig sein, ein positives Gefühl aufrechtzuerhalten,
besonders wenn die Situation, in der Sie die FREEZE-FRAME-Technik anwenden, sehr stressig und emotional aufwühlend ist. Die
Anstrengung, die Sie machen, um sich auf ein positives Gefühl
wie z. B. Anerkennung zu konzentrieren, hilft Ihnen, negative Reaktionen zu neutralisieren. Wenn Sie in Stress-Situationen ausgeglichen bleiben können, ist das ein großer Fortschritt. Von einem
neutralen, objektiven Standpunkt aus können Sie unterschiedliche
Richtungen einschlagen. Geben Sie aber nicht auf, wenn Sie diesen
Standpunkt auf Dauer nicht beibehalten können und sich in der
Hitze des Gefechts wiederfinden. Haben Sie etwas Geduld mit
sich. Versuchen Sie einfach die FREEZE-FRAME-Technik noch einmal anzuwenden und wieder einen neutralen Standpunkt einzunehmen. Neutralität ist der Kanal für augenblickliche Objektivität.

Die FREEZE-FRAME-Technik anzuwenden bedeutet, praktische
Vorsorgemaßnahmen zu treffen. Bei jedem Versuch bauen Sie ein
positives Verhaltensmuster auf. Es macht Spaß, zu beobachten,

wie der Stress täglich abnimmt. FREEZE-FRAME aktiviert Ihre Intuition, Ihre Vernunft und Aufrichtigkeit und macht sie besser zugänglich. So gelingt es Ihnen immer besser, angenehme und praktische Lösungen zu finden.

Versuchen Sie es. Denken Sie an eine Situation, die Ihnen gegenwärtig Sorgen und Angst bereitet, die Sie frustriert und Ihnen die Hoffnung nimmt. Führen Sie die oben beschriebenen Schritte durch, um einen Blickwinkel zu finden, unter dem der Stress sich reduziert oder auflöst. Wenn Sie Ihrer Herzintelligenz gemäß handeln, werden Sie die nächste Szene in Ihrem persönlichen Film zu Ihren Gunsten ändern können. Probieren Sie es aus.

Manchmal ist es hilfreich, emotionale und mentale Reaktionen (Kopfreaktion) aufzuschreiben, dann FREEZE-FRAME zu üben und die Herzreaktion zu notieren. Das folgende Arbeitsblatt zeigt ein Beispiel.

FREEZE-FRAME-Arbeitsblatt

Die einzelnen Schritte:

1. Problemfall: Schildern Sie die Situation mit ein paar Worten.

2. Kopfreaktion: Schreiben Sie auf, wie Sie gedanklich oder emotional auf diese Situation reagiert haben.

3. FREEZE-FRAME: Halten Sie inne, und nehmen Sie eine Auszeit.

4. Lenken Sie Ihre Aufmerksamkeit aufs Herz: Konzentrieren Sie sich 20 bis 30 Sekunden lang auf Ihre Herzgegend.

5. Aktivieren Sie das Herzgefühl: Rufen Sie sich eine positive Erinnerung ins Gedächtnis, oder denken Sie an eine Person, die Ihnen nahe steht oder die Sie schätzen.

6. Nehmen Sie die Herzperspektive ein: Nutzen Sie Ihre Intuition, Ihre Vernunft und Aufrichtigkeit, um herauszufinden, wie Sie besser auf die geschilderte Situation reagieren können.

Problemfall: *Meine beiden Kinder streiten ständig.*

Kopfreaktion: *Ich bin frustriert, fühle mich schuldig, verliere die Geduld, fühle mich unfähig, verurteile mich und mache mir dann Sorgen. Besonders schlimm ist es beim Abendessen. Ich beschuldige meinen Mann, mir nicht zu helfen.*

FREEZE-FRAME

Herzperspektive: *Klare Regeln setzen, wenn es Streit gibt und die Kinder sich prügeln. Klare Konsequenzen ziehen und sich daran halten. Die FREEZE-FRAME-Technik sofort anwenden, um ruhig zu bleiben. Manchmal rührt meine Wut aus dem Gefühl, dass wir nicht genug Zeit füreinander haben. Wir sind immer in Eile. Ich plane also Zeit ein, in der wir wirklich füreinander da sind. Wir gehen gemeinsam spazieren, ich plane etwas Schönes für den Abend. Ich organisiere mich besser.*

Beachten Sie, wie unterschiedlich Kopf und Herz dieser Mutter reagieren. Die FREEZE-FRAME-Übung lässt Sie den Unterschied zwischen dem Standpunkt des Kopfes und der Sichtweise des Herzens erkennen. Identifizieren Sie Problembereiche, Zeiten und Situationen, die Sie typischerweise stressen. Manche Eltern finden z. B. den Morgen besonders stressig. Alle haben es eilig, um rechtzeitig zur Schule, zur Arbeit, in den Kindergarten zu kommen. Mahlzeiten, Fahrten und dergleichen müssen organisiert werden. Wenn es morgens stressig und hektisch zugeht, vertagen Sie das Üben von FREEZE-FRAME auf eine ruhige Minute, um herauszufinden, welche anderen Sichtweisen und Lösungsmöglichkeiten Ihre Intuition Ihnen liefert. Am nächsten Morgen probieren Sie aus, was die Herzintelligenz Ihnen riet.

Larry, Vater dreier Teenager, beschloss nach dem Besuch eines Empowered Parent®-Seminars (dt. etwa: „Stärke für Eltern") am IHM die FREEZE-FRAME-Technik anzuwenden, um den üblichen Morgenstress abzubauen. Hier ist sein Bericht:

„Am schlimmsten war es immer morgens. Je mehr ich meinen Siebtklässler drängte aufzustehen, sich anzuziehen, zu frühstücken und rechtzeitig zur Bushaltestelle aufzubrechen, desto mehr trödelte er. Nach der FREEZE-FRAME-Übung gab mir meine Intuition ein, nur einmal etwas zu sagen und meinen Sohn dann die Konsequenzen selbst tragen zu lassen. Sollte er doch den Bus verpassen und zu Fuß zur Schule gehen müssen. Am nächsten Morgen nahm ich ihn also, statt mich wie gewöhnlich zu ärgern und zu nörgeln, in den Arm, sagte ihm, er habe genau 20 Minuten Zeit, sich fertig zu machen, und beließ es dabei. Ich war völlig verblüfft, als er sogar fünf Minuten vor der Zeit parat war."

Die Intuition des Herzens verleiht einem Sicherheit und das Gefühl zu wissen, was zu tun ist. Versuchen Sie, FREEZE-FRAME in allen Situationen anzuwenden, die Ihnen gewöhnlich Ärger bereiten oder Sie frustrieren. Der Elternalltag bietet viele Möglichkeiten, sich mittels FREEZE-FRAME rasch und intuitiv Rat zu holen, z. B., wenn zu entscheiden ist, ob man ein Kind in den Kinderhort schicken soll, wenn es eine Erkältung hat, ob man es allein zu Hause lassen kann, ihm ein bestimmtes Spielzeug kaufen, ihm zwischendurch Süßigkeiten geben, es mit einem problematischen Freund spielen lassen soll oder nicht. Die Anwendung der FREEZE-FRAME-Technik stärkt den gesunden Menschenverstand – die Intuition. Sie erzeugt ein beglückendes Freiheitsgefühl.

Wie Kinder auf die FREEZE-FRAME-Technik reagieren

Kinder können von Natur aus schneller als Erwachsene von einem Gefühl ins andere wechseln. Das kommt daher, dass sie nutzlosen Gedankenmustern weniger unterworfen und deshalb flexibler sind. Wenn man Kinder eine Übung zur Charakterbildung – wie z. B. die FREEZE-FRAME-Technik – lehrt, hilft ihnen das, ihre Flexibilität zu erhalten. Sie lernen, negative Gefühle rasch zu überwinden und ihre Herzintuition zu aktivieren. Einem Kind, das FREEZE-FRAME anwendet, wenn es sich verletzt, aufgebracht oder gestresst fühlt oder sich Sorgen macht, fällt es leichter als anderen Kindern, zur eigenen Kraft zu finden. Denn es lernt, zu sich selbst zu sagen: „Moment mal, ich stecke fest, mein Kopf findet keinen Ausweg, meine Emotionen geraten außer Kontrolle, doch langsam, schalte um aufs Herz, sieh die Konsequenzen – ich muss mal die FREEZE-FRAME-Übung machen!" Innere Ruhe ist auch für Kinder etwas Erfüllendes. Intuition und gesunder Menschenverstand sagen ihnen, was zu tun ist. Ihr Selbstvertrauen wächst, da sie sich nach so getroffenen Entscheidungen in der Regel gut fühlen. (In Kapitel 9 wird geschildert, wie man Kindern die FREEZE-FRAME-Technik beibringt.)

Durch die FREEZE-FRAME-Technik lernen Kinder ganz von selbst, dass mit jeder Entscheidung Konsequenzen verbunden sind. Wenn sie die Fähigkeit, intuitiv mit dem Herzen zu verstehen, erlangt haben, sind sie bereit, aus eigener Kraft voranzuschreiten.

Der zehnjährige Keith berichtet über die Entdeckungen, die ihm die FREEZE-FRAME-Übung bescherte:

„Ohne es zu merken, wäre ich fast Mitglied einer Jugendbande aus 40 bis 50 zehn- bis vierzehnjährigen Kindern geworden. Ich kannte den Anführer. Wir waren irgendwie befreundet. Damals geriet ich in der Schule immer wieder in Schwierigkeiten. Diese Bande suchte nach solchen Kindern. Ich konnte mich auch ziemlich gut verteidigen. Die Eltern des Anführers misshandelten ihn. Er jagte den Kindern Angst ein und merkte gar nicht, was er tat. Da habe ich dann die FREEZE-FRAME-Techniken angewandt. HEART LOCK-INS – man konzentriert sich auf sein Herz und verankert sich darin. Dann fühlt man sich gut. Dadurch habe ich viel gelernt. Die FREEZE-FRAME-Übung machen und mich auf mein Herz besinnen! Normalerweise rastete ich aus. Der Kopf gallopierte davon, und ich war wie besessen. Suchte jemand Streit? Sollte er doch kommen, ich war bereit! Jetzt gehe ich Kämpfen aus dem Weg, statt sie zu suchen. Ich mache so oft wie möglich die FREEZE-FRAME-Übung. Was geschehen ist, ist geschehen, ich lasse es gut sein. Ich habe nicht geglaubt, dass das möglich wäre, aber es ist so. Jeder hat Kraft in seinem Herzen. Manche Leute machen sich eben nicht die Mühe, sie auch zu nutzen.“

Kapitel 4

Besser denken, kontrollierter denken

Das Gehirn, das Bewusstsein und der Intellekt arbeiten auf parallelen Frequenzen, die sich von den Herzfrequenzen unterscheiden. Deshalb benutze ich für Gehirn/Bewusstsein/Intellekt das Wort „Kopf". Die primäre Aufgabe des Kopfes besteht darin, Informationen zu ordnen, zu verarbeiten und zu analysieren. Das ist wichtig und wesentlich für das Lesen, Schreiben, Denken und Sprechen. Werden seine Leistungen jedoch nicht durch die Weisheit des Herzens ausbalanciert, kann der Kopf seine eigenen Gefühle, Pläne und Projektionen erzeugen. Er neigt dazu, nur an das zu denken, was für ihn selbst geeignet ist, und sich auf negative Betrachtungsweisen zu konzentrieren. Hass, Rache, Neid, Überheblichkeit, Gier, Arroganz, Selbstmitleid, Unsicherheit und viele andere Gefühle entspringen Einstellungen, die im Kopf erzeugt werden. Diese Einstellungen verstärken sich mit der Zeit und führen zu geistiger und emotionaler Vernebelung. Diese wirkt auf weitere schädliche Gedanken und Einstellungen wie ein Magnet. Viele Menschen fallen diesem Prozess zum Opfer. Jene Einstellungen und Gedanken sind Nebenwirkungen des Vergleichens, Abschätzens und des Analysierens. Der unkontrollierte Kopf, der ohne Mitwirkung der intuitiven Intelligenz des Herzens arbeitet, verzerrt die Perspektive fortwährend. Das verursacht Stress. Die Herzintelligenz maximiert das Gehirnpotential. Das Gehirn alleine ist dazu nicht in der Lage.

Denkprozesse

Haben Sie je bemerkt, wie schnell das Bewusstsein arbeitet? Es kommt vor, dass wir, noch bevor jemand einen Satz zu Ende gesprochen hat, schon entschieden haben, dass er etwas Unangenehmes, Ungerechtes oder Langweiliges enthält. Oder wir sind schon in die Phantasie oder in Erinnerungen geflüchtet und überlegen, was gemeint sein könnte, oder suchen nach Assoziationen zum Gesagten. Kinder machen das oft. Zu einem Achtjährigen brauche ich nichts weiter zu sagen als: „Dieses Spielzeug, das du da hast, ist …", und er unterbricht mich mit einer ausführlichen Schilderung, dass das sein bestes Spielzeug ist, dass seine Mutter es ihm gekauft hat, dass es besser ist als das seines Freundes usw.

Die Sprechgeschwindigkeit der meisten Menschen liegt bei 120–150 Wörtern in der Minute, der Denkprozess jedoch vollzieht sich fünf- bis achtmal schneller als das Sprechen. Weil er so schnell abläuft, geschieht es leicht, dass man blitzschnell ein Urteil fällt, sich rasch eine Meinung bildet und darunter leidet, dass einem ständig unwillkürliche Gedanken durch den Kopf geistern. Häufig laufen die Gedanken Amok. Wie oft mussten Sie schon erleben, dass sie sich einfach nicht abschalten ließen? Sie kehren wieder und wieder wie die Melodie einer hängen gebliebenen Langspielplatte. Kinder übernehmen solche Denkmuster von den Erwachsenen in ihrer Umgebung.

Mit meinen Ausführungen zur Kopfintelligenz beabsichtige ich keineswegs, das unglaubliche Potential des Gehirns herabzuwürdigen, sondern möchte zeigen, was erforderlich ist, um es zu fördern. Jede der zehn Milliarden Neuronen (Nervenzellen) des Gehirns enthält ein kompliziertes System zur Informationsprogrammierung. Jedes Neuron ist Schaltzentrum, fähig, in einem einzigen Augenblick Tausende von konkurrierenden Signalen gegeneinander abzuwägen und einzuschätzen, wie darauf zu reagieren ist. Was wir „erfahren" nennen, geschieht durch einen Austausch von Informationsfrequenzen zwischen Neuronen und den sie umgebenden Kraftfeldern.[7] Ebensowenig, wie die Transistoren und Röhren

eines Radios oder Fernsehers die Sendungen enthalten, die sie abspielen, enthalten Neuronen Informationen. Ist es wirklich das
Neuron – diese kalte, indifferente chemische Verbindung – die es
dem Menschen erlaubt, nicht nur mechanisch zu sehen, sondern
wahrzunehmen? Wahrnehmung ist mehr als nur ein Abbild sehen.
Sie ist auch ein Gefühl. Ich erinnere mich daran, wie ich einmal
ein siebenjähriges Mädchen beim Spielen beobachtete. Sie spielte
die Mutter, und ihre Puppe war das Baby. Sie klang genau wie
ihre Mutter, besorgt und ängstlich, und sagte mindestens dreimal
zu der Puppe: „Zieh deine Jacke an, bevor du raus gehst." Dann
unterbrach sie sich und sagte: „Mama, mir ist aber nicht kalt."
Dann nörgelte sie an der Puppe herum. Kinder imitieren im Spiel
oft das Verhalten von Erwachsenen. Wenn Kinder zu Jugendlichen
herangereift sind, haben sich diese erlernten Verhaltensmuster verfestigt. Sie sind zu Denkmustern geworden. Teenager benutzen am
Telefon immer wieder die gleichen Wendungen: „Angeber" oder
„Kommt nicht in Frage, Mann." Oder sie machen ihren Sorgen
laut Luft: „Wenn ich das anziehe, werden die anderen mich für
uncool halten." „Das macht doch sonst keiner." „Das ist unfair ..."
Was sie sagen, hört sich an wie der Text eines Radiohits. Wenn
sich Denkgewohnheiten dem Gehirn eingeprägt haben, können
viele Teenager und Erwachsene ihre Gedanken nicht mehr abschalten und sich nicht mehr entspannen. Oder sie können nachts
nicht schlafen, weil ihnen das Tagesgeschehen unaufhörlich durch
den Kopf geistert. Alkohol- und Drogenmissbrauch sind oft die
Folge des verständlichen Drangs, den sich unablässig ausbreiten-
den, nervenden Gedankenmustern zu entkommen. Diese Gedanken machen süchtig und werden zu selbst geschaffenen Gefängnissen, deren Auswirkungen Stress und körperliche Abnutzungser-
scheinungen sind. Sie bringen niemals inneren Frieden. Solche
Gedankenmuster blockieren auch die weitere Entwicklung des
Stirnhirns, das für eine mitfühlendere menschliche Intelligenz und
entsprechende Verhaltensweisen verantwortlich ist.

Über andere urteilen

Urteile stellen sich oft unvorhergesehen und ganz unbeabsichtigt mitten in einem Gedanken, mitten in einem Satz ein. Wissentlich oder unwissentlich leiden viele Menschen unter der Gewohnheit, mental oder emotional täglich Hunderte von Urteilen zu fällen. Diese Gewohnheit geben sie an ihre Kinder weiter und prägen damit ihr Weltbild. Hüten Sie sich vor Spekulationen und dem gefühlsmäßigen Aburteilen anderer. Ständige Kritik und ständiges Urteilen vereiteln die Entstehung von Herzensbeziehungen. Urteile setzen der echten Kommunikation und Gesprächen von Herz zu Herz ein Ende.

Rufen Sie sich eine Gelegenheit in Erinnerung, bei der Sie einen anderen verurteilten. Was für ein Gefühl war das? Als ich den Stab über eine geliebte Frau brach, weil sie meinen Erwartungen nicht entsprach, schmerzte das; ich fühlte, dass die Verbindung zu ihr abgerissen war, und gab ihr die Schuld daran. Der Schmerz verschwand erst, als ich mich mit ihr versöhnte. Es kann sehr schwierig sein, emotionale Urteile zu widerrufen. Mit jedem Versuch, ein Urteil zu unterlassen, schließen Sie ein wenig mehr Frieden mit sich selbst.

Oft kritisieren Menschen sich selbst am meisten. Man hat ihnen beigebracht, dass Selbstkritik etwas Gutes sei, und sie merken nicht, wie sie sich durch ihr negatives Selbsturteil verletzen. Eltern setzen sich selbst immer wieder unter Druck, wenn sie denken: „Ich bin keine gute Mutter oder kein guter Vater; was habe ich nur falsch gemacht?" Wenn Sie z. B. der Auffassung sind, Ihr Sohn sei etwas absonderlich oder habe ein Verhaltensproblem, können Sie sich fragen, was Sie falsch gemacht haben, emotional reagieren und sich so lange selbst verurteilen, bis Sie verzweifelt sind. Gary war mit sieben Jahren noch Bettnässer. Seine frustrierte Mutter probierte alles aus, um ihm zu helfen. Der Arzt versuchte sie zu beruhigen und ihr klarzumachen, dass Gary diese Phase schon überwinden würde, doch die beunruhigte Mutter war sich sicher, irgendetwas falsch gemacht zu haben, und gab sich die Schuld

daran, dass es ihr nicht gelungen sei, Garys Umfeld positiv zu gestalten. Wenn sie sich schwierigen Aufgaben gegenübersehen, müssen Eltern nach einem Ausweg suchen, sich zu verurteilen hilft
nicht weiter. Dauernde Selbstverurteilung hindert uns daran, uns
und unsere Kinder realistisch einzuschätzen. Sie hindert uns daran,
herauszufinden, wie und wo etwas zu ändern ist. Wenn Sie nach
neuen Lösungen suchen und wieder Hoffnung schöpfen wollen,
versuchen Sie, mehr zu lieben. Gehen Sie behutsam vor. Machen
Sie jeden Tag die Heart-Lock-in-Übung, und schicken Sie sich
und Ihrem Kind Liebe. Üben Sie sich darin, auch ihm gegenüber
die Herzperspektive beizubehalten, und lassen Sie intuitive Einsichten in sich aufsteigen.

Wenn es etwas gibt, das wahre Intuition garantiert vereitelt,
dann ist es die Selbstverurteilung. Sie blockiert die intuitive Klarheit und verhindert, dass Sie Ihre Begabungen und Energien positiv nutzen können. Erfolg rührt aus der Anerkennung und Wertschätzung der eigenen Fähigkeiten und Begabungen. Bemühen Sie
sich aufrichtig, Ihr Potential voll zu entfalten. Urteile erzeugen
Hass, Schuldgefühle und Neid, aber keine Selbstsicherheit. Neu-
lich las ich einen Bericht über ein sechzehnjähriges Mädchen. Sie
war eine gute Schülerin und bei ihren Kameraden beliebt, neidete
aber ihrer fünfzehnjährigen Schwester deren Erfolg bei Jungs. Ihre
Eifersucht dominierte ihre Gedanken so sehr, dass sie ihr eigenes
Selbstwertgefühl untergrub. Ihre Noten fielen ab, und sie begann
an einer Ess-Störung zu leiden.

Was ist der Unterschied zwischen Urteil und Einschätzung?
Diese Unterscheidung zu treffen ist von höchster Wichtigkeit.
Wenn man Handlungen, Glaubensgrundsätze, sein eigenes Auftre-
ten oder das von anderen einschätzt und dabei von einer Woge
negativer Gedanken und Gefühle überrollt wird, dann hat man ein
unproduktives Urteil gefällt. Urteile sind negative Vergleiche, oft
zwischen der eigenen und anderen Personen gezogen. Wenn Vergleiche auf Unsicherheit beruhen, täuschen sie die Wahrnehmung.
Kinder werden in der Gesellschaft häufig eingeschätzt und verglichen, dann kategorisiert und eingestuft. Ein Kind streift diese Ur-

teile wahrscheinlich lässig ab, wenn die wichtigsten Menschen in seinem Leben es lieben und unterstützen. Einschätzungen, die ohne „Herzblut" zustande kommen, ziehen Urteile nach sich und verursachen Stress.

Um sich selbst einschätzen und unter Kontrolle halten zu können, muss man fähig sein, die Konsequenzen seines Verhaltens vorherzusehen. Kinder und Erwachsene müssen Einschätzungen vornehmen, um zu entdecken, was im Leben wirklich zählt. Die Herzintelligenz verleiht ihnen die Fähigkeit, Situationen mit Hilfe des gesunden Menschenverstandes einzuschätzen. Selbsteinschätzung ist etwas Positives und geht jeder echten Anpassungsleistung voraus. Eine Mitarbeiterin erzählte mir, wie sie im Alter von acht Jahren feststellte, dass sie mindestens viermal die Woche weinte und dem ein Ende setzen wollte. Sie schloss sich ins Badezimmer ein, um dort in Ruhe die Gründe für ihr Verhalten herauszufinden. Dabei ging ihr auf, dass sie jedes Mal von ihren Brüdern geneckt worden war. Dann wurde sie wütend, machte ihnen Vorwürfe und begann hilflos zu weinen, wenn das alles nichts fruchtete. Sie beschloss sich Mühe zu geben, das nächste Mal nicht zu weinen. Das ist Herzintelligenz „in Aktion".

Schuldzuweisungen

Oft fühlt es sich so an, als seien unkontrollierte Kopfreaktionen und Urteile gerechtfertigt. Jemand tut etwas, das uns missfällt oder unseren Widerspruch herausfordert, und wir fühlen uns verletzt und geben ihm die Schuld. Wenn ein Kind dem einem Freund einen Keks gibt, dem anderen aber nicht, dann fühlt letzterer sich ausgeschlossen und bezeichnet ersteren als „Doofmann". Sein Kopf sagt: „Das ist ganz eindeutig seine Schuld, weil er mir wehtut." Wir alle wissen, wie sich das anfühlt. Der Kopf bleibt stur und schließt jede andere Möglichkeit aus. Der Intellekt des Kindes versteht nicht. Aber sein Herz weiß, dass es loslassen soll, und wahrscheinlich werden die beiden Kinder über kurz oder lang wieder zufrieden miteinander spielen.

Jemanden zu beschuldigen bedeutet, die Verantwortung für die eigenen Betrachtungsweisen, Gefühle, Worte und Taten zurückzuweisen. Wenn wir anderen Vorwürfe machen, dann aufgrund der damit verbundenen Belastung oft auf verletzende Weise oder in einer stark emotional gefärbten Ausdrucksweise. Ein angeekelter Blick, eine kalte Schulter oder ein anklagendes Wort teilen dem anderen mit, dass es hier an Herz fehlt. Es ist leicht zu verstehen, wie in einem Kind das Gefühl aufkommt, dass sein Tun, das solche Reaktionen hervorrief, und sein Wert als Mensch gleichzusetzen seien. Wenn Eltern lernen, sich klar auszudrücken und statt anklagende Blicke und Worte ihr Herz aufrichtig und sachlich sprechen zu lassen, werden sie merken, dass ihre Kinder besser auf sie eingehen. Hier ein Beispiel:

Die Mutter des sechsjährigen Daniel hatte zu einer Bridgepartie geladen. Immer wieder unterbrach der Junge die Unterhaltung. Er musste ständig ermahnt werden, anderen nicht ins Wort zu fallen, hielt sich jedoch nicht daran. Sein Verlangen nach Aufmerksamkeit brachte alle gegen ihn auf. Wird die Reaktion der Mutter allein vom Kopf diktiert, fängt sie in einer solchen Situation vielleicht an zu schreien und lädt die ganze Schuld auf das Kind. „Du böser Junge! Du bist unhöflich und rücksichtslos!" Oder sie lässt die Schuldzuweisung in eine Frage einfließen: „Liegt dir denn gar nichts an uns?" oder „Hast du denn gar keinen Respekt?" Negativa wie „böser Junge", „unhöflich", „rücksichtslos" zerstören die Selbstachtung eines Kindes. Dasselbe geschieht, wenn man in Frage stellt, dass er andere gern hat oder respektiert. Das zeigt, dass die Mutter zu schnell auf die Störung reagiert. Sie steht nicht zu ihrer eigenen Verlegenheit und schiebt die Schuld ihrem Sohn zu. Wenn sie sich beruhigen, die Bridgepartnerinnen um einen Augenblick Geduld bitten, innehalten und auf ihren Sohn hören würde, würde sie ihm helfen, sich zu beruhigen. Sie würde ihre Herzintelligenz nutzen, um mit ihrer eigenen Kopfreaktion und dem Verhalten ihres Kindes fertig zu werden.

Wird die Reaktion der Mutter vom Herzen geleitet, reagiert sie von Anfang an anders auf die Situation. Sie macht die FREEZE-

FRAME-Übung, um sich emotional zu sammeln, auf ihr Herz zu besinnen und angemessen zu reagieren. Sie gibt ihrem Sohn deutlich zu verstehen, welche Reaktion sein Verhalten bei ihr hervorruft, indem sie ihre Gefühle in Worte fasst, z. B. sagt: „Ich habe all diese Unterbrechungen wirklich satt" oder „Ich möchte dir nicht noch einmal sagen müssen, dass du still sein sollst." Oder: „Es ärgert mich, dass du nicht auf mich hörst." Auf diese Weise teilt sie ihre Gefühle mit, ohne Schuld zuzuweisen. Ihre Wortwahl hilft dem Kind, den wesentlichen Unterschied zwischen Gefühlen, Handlungen und dem eigenen Wert zu erkennen.

Negative Urteile hinterlassen bei Kindern das Gefühl, weniger akzeptabel als andere zu sein. Wenn die Selbsteinschätzung eines Kindes von seiner Leistung abhängt, gehen seine kindliche Unbefangenheit und seine Freude verloren. Das Kind eines erfolgreichen Akademikers fühlt sich vielleicht unter Druck, es dem Vater gleichzutun. Ein Vater, der die mittelmäßigen Noten seiner Tochter kritisiert und sie dann mit seinen früheren, ausgezeichneten Noten vergleicht, denkt vielleicht, es sei hilfreich, zu sagen: „Als Schüler habe ich immer Einser gehabt. Warum hast du keine? Bist du dumm? Gibst du dir nicht genug Mühe?" Das Kind fühlt sich wie ein Versager. Es wird das Gefühl haben, es werde nicht geliebt, wenn es nicht genug leiste. Des Weiteren lernen Kinder, denen man Urteilsmuster vorlebt, dass es auch ihnen zusteht, zu urteilen. So werden sie ihre Kopfreaktionen auf ihre Umgebung weit leichter rechtfertigen können als Herzreaktionen. Die Tochter, die vom Vater verurteilt wird, weil sie keine besseren Noten bekommt, denkt, sie habe das Recht, ihren jüngeren Bruder zu verurteilen, wenn er etwas nicht richtig macht. Er lernt gerade das Radfahren und stellt sich dabei ungeschickt an. Sie lacht ihn aus und nennt ihn dumm. Die Angewohnheit, andere zu verurteilen, ist alles andere als konstruktiv.

Eltern haben immer vor Augen, welche Auswirkungen ihre Urteile oder ihr Stress auf das Kind haben. Veranschaulichen wir das an einem anderen Beispiel: Ein gestresster Vater ist gerade von der Arbeit nach Hause gekommen. Sein Tag war anstrengend, und nun kann er die Fernbedienung für den Fernseher nicht finden. Er ist schlecht gelaunt und schreit seinen Sohn an – in der Annahme, der habe sie verlegt: „Such die Fernbedienung!" Der Junge duckt sich. Wenn er die Fernbedienung tatsächlich verlegt hat, glaubt er, sein Vater halte ihn für unfähig. Hat er sie nicht verlegt, meint er den väterlichen Zorn auf sich gezogen zu haben, weil er etwas falsch gemacht hat. Da der Vater ihn anschuldigt und verantwortlich macht, gibt sich der Junge selbst die Schuld. Er weiß nicht, dass sein Vater gestresst ist, und versteht deshalb nicht, was los ist.

Ob ein Kind sich für fähig oder unfähig hält, hängt in erster Linie davon ab, welches Bild sich die Eltern von ihm machen. Sind sie gestresst, ist das Bild verzerrt und spiegelt nichts von der Anerkennung wider, die sie ihrem Kind aus tiefstem Herzen entgegenbringen. Weil uns das Leben heute vor so widersprüchliche Anforderungen stellt, ist es anstrengend, Vater oder Mutter zu sein. Die Familienbeziehungen der heutigen US-amerikanischen Gesellschaft sind historisch einzigartig – es gibt immer mehr Alleinerziehende, Stiefeltern und Pflegeeltern.

Zahlreiche Kinder werden von allein erziehenden, ganztags berufstätigen Müttern betreut.

Zwischen 1970 und 1994 stieg die Anzahl der Alleinerziehenden von vier auf acht Millionen.

Die Scheidungsrate beträgt nach wie vor 50 Prozent. Jedes Jahr ist eine weitere Million Kinder davon betroffen. Ein Drittel dieser Kinder wird einen der beiden Elternteile nie wieder sehen.

Schätzungen zufolge verinnerlichen Scheidungskinder in 60 Prozent der Fälle den Stress und die Wut der Eltern, halten sich selbst für schuldig und fühlen sich von mindestens einem Elternteil abgewiesen. Mütter und Väter haben nach der Scheidung höhere finanzielle Belastungen als zuvor zu tragen. Hinzu kommt, dass sie noch weniger Zeit für die Kinder haben, Stress und Probleme mit ihnen aber zunehmen. Aber sich selbst die Schuld für alles zu geben kann nicht eines dieser Probleme lösen.

Wie man lernt, das Urteilen zu unterlassen

Eltern, die mit dem Herzen „sehen", beobachten den Stress, den sie selbst und ihre Kinder haben, ohne sich etwas vorzumachen. Sie fragen sich oft: „Auf welche Art und Weise spreche ich Wahrheiten aus?", „Wie kann ich mein Kind zum Zuhören inspirieren?" Sie sind sich bewusst, dass Verurteilungen ein Kind nur dazu veranlassen, sich zu verteidigen oder nicht mehr auf sie zu hören.

Es ist möglich, die Wahrheit zu sagen, ohne zu urteilen. Die Intelligenz Ihres Herzens kann Ihnen zeigen, wie. Bevor Sie mit Ihrem Kind sprechen, machen Sie die HEART-Lock-In-Übung und schicken ihm Liebe. Konzentrieren Sie sich auf Ihr Herz, und fragen Sie Ihre intuitive Intelligenz: „Wie kann ich aufhören, meinem Kind Vorwürfe zu machen, und wie kommunizieren, ohne zu urteilen?" Dem oben erwähnten Vater, der über die mittelmäßigen Noten seiner Tochter enttäuscht war, könnte seine Intuition eingeben: „Frage doch Jenny zuerst einmal, welche Gründe es ihrer Meinung nach für ihre schlechten Noten gibt. Hör dir ihre Ansicht an, und dann sag ihr ehrlich, wie du die Sache siehst." Seine Intuition könnte ihm auch raten: „Schicke ihr Herzenswärme. Dadurch könnte sich ihre Einstellung ändern, und vielleicht ergeben sich im Gespräch dann neue Lösungsmöglichkeiten." Wenn Eltern lieben, können Kinder ihre Gefühle besser mitteilen. Wenn Jenny das Gefühl hat, dass ihr Vater sie versteht und unterstützt, wird sie mehr Geduld und Verständnis für ihren kleinen Bruder Joe aufbringen, der gerade Rad fahren lernt.

Dass man sich seiner „Urteilsmentalität" bewusst wird, wird jahrzehntelange Gewohnheiten nicht über Nacht zum Verschwinden bringen. Aber Liebe und Fürsorglichkeit werden Urteile und Vorwürfe entschärfen, sodass man sie mit der Zeit ganz unterlässt. Achten Sie darauf, sich selbst nicht zu verurteilen, weil Sie andere ständig verurteilen. Das wäre ja wieder das alte Lied. Machen Sie stattdessen die in diesem Buch beschriebenen HEART-LOCK-IN- und FREEZE-FRAME-Übungen. Die Herzanker-Übung hilft Ihnen zu erkennen, dass Ihre augenblicklichen Einschätzungen und Gefühle Ihre gegenwärtige persönliche Wahrheit ausmachen. Diese Gedanken und Gefühle sind weder gut noch schlecht. FREEZE-FRAME bei Stress bewirkt, dass die Intelligenz Ihres Herzens die urteilenden Reaktionsmuster durchbricht, Ihr Blickwinkel sich erweitert und Ihnen ein tieferes Verständnis zuteil wird. Herzperspektive, Intelligenz und Übung können jeden Vater, jede Mutter und jedes Kind verwandeln.

Kapitel 5

So wirkt Stress

Als ich mit einer geschiedenen Mutter namens Coreen sprach, erzählte sie mir, wie schwierig es sei, Karriere und Kinder unter einen Hut zu bringen. Sie hatte zwei Jungen im Alter von acht und 14 Jahren:

„Mein Chef erwartet, dass ich 50 bis 60 Stunden pro Woche arbeite, wenn ich aufsteigen, eine Gehaltserhöhung oder einfach nur meinen Arbeitsplatz behalten will. Meine Kinder machen sich ihr Frühstück jeden Tag selbst und mindestens viermal pro Woche auch ihr Abendessen. Ich weiß, dass ich bald vollkommen erschöpft sein werde, wenn sich die Dinge nicht ändern, und mein Arzt hat mir jetzt ein stärkeres Medikament gegen meine Magengeschwüre verschrieben."

Coreen erzählte mir auch, dass sie mit Schuldgefühlen ihren Kindern gegenüber, mit Zukunftssorgen und mit ihrem Verlangen nach einem Partner zu kämpfen habe. Doch fehle ihr die Zeit zum Ausgehen. Sie kann sich lediglich einmal pro Woche eine Haushaltshilfe leisten, das Fernsehen ist zum Babysitter geworden, und ihr älterer Sohn spricht gar nicht mehr mit ihr. Im Gespräch ließ Coreen mich wissen, dass auch ihre Nachbarn, Alysse und Don, es sehr schwierig finden, Kinder großzuziehen. Beide Eltern haben über eine Stunde Fahrzeit bis zur Arbeitsstelle; sie müssen genug verdienen, um drei Kinder zu ernähren, eine hohe Hypothek und zwei Autos abzubezahlen. Umfragen zufolge geht es mehr als 25 Millionen amerikanischer Eltern wie Coreen und Alysse: Sie berichten, keine Zeit für ihre Kinder zu haben.

Der Arzt Dr. Graham Burrows, Professor für Psychiatrie und Vorsitzender der International Society for the Investigation of Stress, berichtet: „Zwei Hauptfaktoren sind für die Entstehung von Stress verantwortlich: Wahrnehmungs- und Kommunikations-probleme ... Es ist viel nötiger, Vorsorgemaßnahmen zu treffen, als Behandlungen durchzuführen."[11] Stress ist ein Feedbacksignal aus dem Innern, ein Hinweis auf das Vorhandensein dissonanter und unangenehmer Gefühle. Wir alle haben schon unangenehme Ge-fühle gehabt. Woher kommen sie? Wie nehmen wir sie wahr? Wie gehen wir damit um? Stressgefühle entstehen, wenn wir auf Ereig-nisse gedanklich und emotional unangemessen reagieren. Haben Sie als Eltern das Wissen und die Erfahrung, die zur Stressbewälti-gung nötig sind? Wie bewältigte Coreen ihren Stress, bevor sie die HeartMath – HerzIntelligenz-Techniken anwendete? Sie er-zählte folgende Geschichte:

„Nach einem langen und schweren Arbeitstag im Büro kaufte ich auf dem Heimweg noch Lebensmittel ein. Als ich zu Hause in die Küche kam, sah ich schon, dass der Abfall überquoll. Also rief ich meinem Vierzehnjährigen zu: ‚Steven, warum hast den Müll nicht rausgebracht?' Steven knurrte mich nur an und sagte: ‚Ich habe keine Zeit. Ich muss meine Hausaufgaben machen, und du machst ja sowieso nichts.' Da begann ich zu kochen. Er legte den Finger in meine empfindlichste Wunde. Ich wurde richtig wütend und sagte: ‚Ich bemühe mich, für dich und deinen Bruder zu sor-gen. Ihr könntet wenigstens euren Kram erledigen.' Steven warf sein Geschichtsbuch auf den Tisch, rannte in sein Zimmer und knallte die Tür hinter sich zu – mich und den Müll ignorierte er einfach. Da verlor ich die Nerven und brüllte durch die Tür: ‚Du bist ja so undankbar!' Ich weiß, dass Steven ausziehen und mit einem Freund zusammenziehen will. Ich hörte ihn am Telefon da-von sprechen, als er sich alleine glaubte. Mir erzählt er nie etwas.

Danach musste ich den Stapel Rechnungen und Post auf dem Tisch durchsehen. Daneben lag ein zerknitterter Zettel, den Mark, mein achtjähriger Sohn, aus der Schule mitgebracht hatte. Es war eine Mitteilung, dass er schon wieder in eine Streiterei verwickelt gewesen sei und ich am nächsten Morgen um 10.00 Uhr beim Rektor vorsprechen müsse. Ich war so kaputt und gestresst, dass ich mir einfach einen Drink eingoss und auf dem Sofa zusammensackte. Es war einfach alles zu viel."

Steven ist nur einer von vielen Teenagern, die in einer Umfrage der *New York Times / CBS News* aus dem Jahr 1994 zugaben, sie fürchteten sich davor, ihren Eltern über ihr Tun oder Denken die Wahrheit zu sagen. Zu dieser Gruppe gehören 97 Prozent der Jugendlichen. Coreen wiederum gehört zu den 53 Prozent Eltern, die sich in einer 1991 quer durch die sozialen Schichten durchgeführten Umfrage der *L. A. Times* schlechte Noten gaben und eingestanden, sie kämen mit der Erziehung ihrer Kinder nicht zurecht. Außerdem finden sie diese undiszipliniert und unterstellen ihnen fehlendes Moralbewusstsein. Sie fühlen sich schuldig, sind frustriert und wissen nicht, wie sie den Kindern helfen sollen.

Während die Eltern sich mit Stress herumschlagen, ist es für den kleinen Körper eines Kindes und seine Intelligenz ein Kampf, den Anforderungen des Lebens gerecht zu werden. Entsprechend sind die Reaktionen. Der international bekannte englische Kinderpsychiater und Forscher Michael Rutter sagt: „Kinder erlernen das Lösen von Problemen vor allem, indem sie beobachten, wie ihre Eltern und andere Erwachsene damit umgehen." Es ist kein Wunder, dass es Kindern schwer fällt, klarzukommen. Wenn man nicht lernt, Stress zu reduzieren, türmen sich kleine Stressoren nach und nach zu einem Berg auf – es entsteht chronischer Stress.

Menschen reifen dann auf harmonische Weise, wenn sie lernen, mit den Anforderungen und den Höhen und Tiefen des Lebens umzugehen. Herausforderungen, die man mit Hilfe des Herzens zu meistern versucht, erzeugen tatsächlich kreative Widerstands- und Spannkraft. Jede neue Erkenntnis und erfolgreiche Anpassung motiviert ein Kind, sich zuversichtlich in neue Erfahrungsbereiche vorzuwagen. Verständnis, das aus dem Herzen kommt, erzeugt die Zuversicht, jede neue Aufgabe meistern zu können.

Wenn die Eltern in ihren Ansichten stark voneinander abwei-
chen, ist das für ein Kind verwirrend und erhöht seinen Stress.
Die Mutter des siebenjährigen Paul erzählte Folgendes:

„Eine Zeit lang war der Umgang zwischen mir und meinem geschiedenen Mann sehr feindselig. Er war wegen der Scheidung
sehr böse auf mich, und obwohl er sich über die Besuchszeiten
mit mir geeinigt hatte, verhielt er sich diesbezüglich sehr stur und
unflexibel. Wir wohnten beide in Chicago und waren auf den normalerweise sehr zuverlässigen öffentlichen Personennahverkehr
angewiesen. Mein Sohn war den Tag über bei mir gewesen, und
nun standen wir bei eiskaltem Wetter an der Bushaltestelle, um
ihn zu seinem Vater zurückzubringen. Wir warteten und warteten ... , aus irgendeinem Grund hatte der Bus große Verspätung,
sodass mein Sohn zu spät zu seinem Vater zurückkam. Ich war
völlig durchgefroren, gestresst und aufgebracht. Es war nichts zu
machen gewesen – ich hätte nicht einmal telefonieren können, um
die Lage zu erklären. Ich versuchte meinem Kind diese Gefühle,
so gut es ging, zu verheimlichen. Als wir bei meinem geschiedenen
Mann ankamen, war er wütend und schrie mich an. Er gab mir
keine Möglichkeit zur Rechtfertigung. Mein Sohn brach in Tränen
aus. Er war gestresst, weil seine Eltern einander hassten und so
gemein zu einander waren und das auch noch seinetwegen. Er
rannte in sein Zimmer, völlig außer sich und allein. Mein Ex-
Mann schlug mir die Tür vor der Nase zu. Ich fühlte mich wie
durch die Mühle gedreht. Das Herz drohte mir zu zerspringen.“
Glauben Sie, Paul weiß, wie er mit dieser Belastung fertig werden
kann?

Wenn ein Kind ständig Unerfreuliches erlebt, werden aus Anforderungen überwältigende Stressfaktoren. Daraus resultiert ein
Gefühl mangelnder Stabilität. Auf die Eltern ist kein Verlass, das
Leben macht Angst, und so entsteht noch mehr Stress, der
schlimme Schäden verursacht. Das Kind weiß nicht damit umzugehen. Daher zieht es sich zurück, um zu überleben, und sperrt
die Wirklichkeit aus.

Eine Stressepidemie

Stress trifft Arme und Reiche, Gebildete und Ungebildete gleichermaßen. Wohlhabende Bürger, Fabrikarbeiter, Sozialhilfeempfänger und Atomphysiker, alle haben heutzutage Stress. Chronischer Stress ist zu einer Volkskrankheit geworden. Schon immer gab es Gewalt, wurden Menschen misshandelt und/oder erlebten schwere Zeiten, doch chronischer Stress sucht die moderne Gesellschaft wie eine Epidemie heim.

In den USA werden Millionen von Kindern emotional oder körperlich misshandelt oder vernachlässigt. Es ist erwiesen, dass Gewalt in der Familie und häusliche Stressoren bei Säuglingen und Kleinkindern die Entwicklung normaler Schlaf- und Essgewohnheiten verhindern und die Kinder deshalb nicht gedeihen. Richard Gelles, Mitarbeiter am Forschungsprogramm über Gewalt in der Familie an der University of Rhode Island, fand heraus, dass kleine Kinder, die Gewalt in der Familie miterleben, oft aufhören zu sprechen, depressiv, lethargisch, fast autistisch werden. Sie haben schreckliche Albträume. Sie fügen sich selbst Verletzungen zu. Sie werden gefühllos gegenüber der ständigen unterschwelligen Gewalt. Die Wahrscheinlichkeit, dass Kinder aus Elternhäusern, in denen Gewalt herrscht, sich zu gewalttätigen Erwachsenen entwickeln, ist um das Drei- bis Vierfache erhöht.

Gewalttätigkeit vermittelt Kindern, dass Eltern und Gesellschaft das Leben nicht achten. Umfragen deckten auf, dass der größte Stressfaktor und die größte Sorgenquelle von Kindern aller Schichten Angst vor Gewalt ist. Mehr als 50 Prozent von ihnen gaben an, sie hätten Angst davor, bei Dunkelheit in der näheren Umgebung spazieren zu gehen. Unabhängig vom Wohnort sehen Schüler Gewalttätigkeit als ein so weit verbreitetes und komplexes Problem, dass nur wenige von ihnen Erwachsenen zutrauen, eine Lösung zu finden. Über 80 Prozent der Jugendlichen erwarten, dass sich das Problem verschlimmert.

Nicht nur die Angst vor körperlicher Gewalt verursacht Stress, auch emotionaler Druck spielt bei der Entstehung von Stress eine Schlüsselrolle – wenn ein Ehepartner z. B. aus Verärgerung wochenlang nicht mit seiner Partnerin oder den Kindern spricht, laut mit dem Geschirr klappert, um zu zeigen, wie unglücklich er ist, oder wenn jeden Abend eisiges Schweigen am Abendbrottisch herrscht. Wenn es keinen Ort gibt, an dem man sich geborgen fühlt, fehlt auch die Energie, um das eigene Potential zu entdecken oder Erfüllung zu finden. Die Folge: Chronischer Stress erzeugt noch mehr Stress. Die Betroffenen bringen den Rest ihres Lebens damit zu, vor ihren Ängsten zu fliehen und nach Sicherheit zu suchen.

Es ist klar, dass Kinder und Erwachsene bei fehlender Herzintelligenz unabhängig von ihrem sozialen Umfeld eine ganze Menge Probleme haben. Stress wirkt intelligenzmindernd und schränkt den Blickwinkel ein, sodass es schwerer fällt, mit Anforderungen und Problemen fertig zu werden. Einer Umfrage aus dem Jahr 1989 zufolge leiden beinahe 90 Prozent aller Erwachsenen stark unter Stress. Laut einer anderen Umfrage der Northwestern National Life Insurance trug sich im Jahr 1990 einer von drei Erwachsenen ernsthaft mit dem Gedanken, die Arbeit wegen Stress aufzugeben. Genauso viele Menschen erwarteten, in naher Zukunft ganz am Ende ihrer Kräfte angelangt zu sein. Sieben von den zehn meistverkauften Medikamenten in den USA werden gegen Stressbeschwerden wie z. B. Magengeschwüre, hohen Blutdruck, Depression und Angstzustände verschrieben. Wenn diese Statistiken widerspiegeln, wie Erwachsene mit dem Leben umgehen, wieso sollten Kinder es dann besser machen? Eltern, die stark unter Stress stehen, sind – was ihr eigenes Leben und das ihrer Kinder betrifft – in einem Teufelskreis gefangen. Die Kinder wiederum sind in ihre Sichtweisen und Reaktionen auf die gestressten Eltern und in die Hektik des Alltags verstrickt.

Was können Eltern tun?

Das Fehlverhalten eines Kindes löst, wie in Coreens Fall, oft eine schlimme Abfolge negativer Reaktionen von Seiten der Eltern aus. Es kann damit beginnen, dass man an dem Kind herumnörgelt, um es zum Aufräumen oder zur Erledigung einfacher Aufgaben zu motivieren. Vielleicht bekommt das Kind Fernsehverbot, das Taschengeld wird gestrichen, es wird auf sein Zimmer geschickt oder bekommt Hausarrest – doch dadurch wird nichts besser. Wie oft mögen verzweifelte Eltern sich an diesem Punkt schon gefragt haben: „Was soll ich nur tun?" Ein paar Jahre später gibt es dann Geschrei und Wortgefechte wegen der Hausaufgaben, der Noten, der Frage, um wie viel Uhr ein Kind zu Hause sein muss ... Manche Kinder lügen, fluchen, setzen sich Kopfhörer auf, um Heavy Metal oder Rap zu hören, und machen den Mund nicht auf. Aus den Schwierigkeiten können regelrechte Kriege entstehen, wenn Eltern feststellen, dass ihr Sohn oder ihre Tochter Geld aus ihrer Geldbörse entwendet, mit Drogen experimentiert, Sex hat oder auszureißen plant.

Dauerstress und Schwierigkeiten führen bei Kindern und Teenagern zu problematischem Verhalten. Die Bemühungen der Eltern, mit diesen Schwierigkeiten fertig zu werden, haben kaum Erfolg. Der Machtkampf zwischen Kind und Eltern eskaliert, und Disziplinierungsmaßnahmen fruchten immer weniger. Das Kind soll bestimmte Dinge tun, weigert sich aber. Es hört nicht einmal mehr zu, deshalb werden die Eltern wütend und sind frustriert. Coreen ließ sich auf das Niveau ihres Sohnes Steven herab, schrie (eine Kopfreaktion) und verschloss vor dem eigentlichen Problem die Augen. Verhält sie sich auch in Zukunft so, wird Steven sie irgendwann nicht mehr als Autoritätsperson anerkennen.

Wenn Eltern keine Autorität mehr haben, stehen sie auf verlorenem Posten und wissen nicht mehr weiter. Ein Mangel an Verständnis, gepaart mit Erschöpfung, kann Ängste, Schuldgefühle und Furchtsamkeit steigern. Vielleicht hat Coreen bereits das Gefühl, an einem Punkt angelangt zu sein, von dem es kein Zurück

mehr gibt. Wenn das auch auf Sie und Ihre Familie zutrifft, sind
Gefühle von Hoffnungslosigkeit und Selbstzweifel nur zu verständlich. Wenn es Ihnen geht wie Coreen, Alysse und Don oder
Millionen weiterer frustrierter Eltern, ist jetzt die richtige Zeit,
tief durchzuatmen, Energie zum Herzen zu lenken, sich zu entspannen, Frieden zu finden und zu erkennen, dass Sie Ihr Kind
aufrichtig lieben. Coreen schöpfte neue Hoffnung, nachdem sie
die in diesem Buch beschriebenen Techniken angewendet hatte.
Sie sagte: „Diese Techniken sind ein Geschenk des Himmels. Ich
denke nicht immer daran, sie anzuwenden, aber wenn ich sie an-
wende, dann wirken sie auch. Ich schreie meine Söhne nicht mehr
so oft an, und wir sprechen jetzt tatsächlich miteinander." Lesen
Sie also weiter – Sie werden erfahren, welche Ursachen den oben
beschriebenen Problemen zugrunde liegen und wie diese zu lösen
sind.

Sie haben die Wahl

Ein Kernsatz der HEARTMATH – HERZINTELLIGENZ-Methode besagt, dass bei Streitigkeiten zwischen Eltern und Kindern klar sein
muss, dass die Ansichten, Gedanken, Entscheidungen und Handlungen jedes Beteiligten entscheidenden Einfluss darauf nehmen,
wie es in seinem Leben läuft. Wenn sie zu Hause nicht lernen,
sich auf ihr Herz zu besinnen, treffen Kinder häufig unvorteilhafte
Entscheidungen und lernen durch extreme Erfahrungen. Das
macht sie immer wieder fertig und vermittelt ihnen die Einstellung: „Da ist einfach nichts zu machen." Es ist wichtig für Eltern,
sich immer wieder ins Gedächtnis zu rufen, dass ein Kind in Ab-
hängigkeit von bestimmten Ansichten wahrnimmt, entscheidet
und handelt. Eltern mit Herzintelligenz versetzen sich in die Welt
des Kindes hinein, nicht um sie gutzuheißen oder abzulehnen,
sondern um sie vorurteilslos zu verstehen. FREEZE-FRAME wird Ihnen ermöglichen, offen miteinander zu sprechen, einander gut zuzuhören und sich selbst und den Kindern gegenüber wahrhaftig
zu bleiben.

Sheila und Bill hatten Probleme, weil ihre zwölfjährige Tochter Linda sie anlog. Sheila praktizierte FREEZE-FRAME, konzentrierte sich auf ihr Herz und gelangte zu der Einsicht, dass sie ihrer Tochter nicht richtig zugehört hatte. Sie beschloss, sich mehr Zeit für Linda zu nehmen und ihr zuzuhören, ohne blindlings auf ihre Worte zu reagieren. Für Bill jedoch war seine Tochter erledigt. Sein Kopf sagte ihm, sie sei undankbar und habe ihn einfach zu oft angelogen. Er schrieb sie ab.

Wie wir mit Problemen umgehen, hängt davon ab, ob unsere Reaktion vom Herzen oder vom Kopf dirigiert wird. Eine Entscheidung, die mit dem Herzen getroffen wird, bietet eine Lösungsmöglichkeit. Eine Entscheidung, die mit dem Kopf getroffen wird, hält uns in Schmerz oder Wut gefangen.

Wenn der Kopf entscheidet

Menschen, die sich nur vom Kopf leiten lassen, reagieren auf unterschiedliche Weise negativ auf die Ereignisse in ihrem Leben: Da sie nie gute Lösungen finden, Erfolg oder Glück haben, werden sie vielleicht sogar depressiv. Lindas Vater Bill hat das Gefühl, das Leben sei gegen ihn. Er ist arbeitslos und depressiv. Das Verhalten seiner Tochter gibt ihm das Gefühl, ein Versager zu sein. Depressiven Menschen kommt es oft so vor, als seien sie unfähig, sich aus ihrer Lage zu befreien, also opfern sie ihr Glück. Sie fühlen sich unsicher und haben Angst.

Wenn das Verhalten ihres Problemkindes ihnen unverständlich bleibt, werden Eltern, die sich nur nach dem Kopf richten, sehr unsicher. Sie wissen einfach nicht, was in ihrem Kind vorgeht, und können deshalb auch keine dauerhaften Lösungen für die Probleme finden. Eine Mutter, die ihr Kind nicht unter Kontrolle hat, hält es für undankbar und schwierig – und glaubt, dass niemand sie versteht. Sie hat die Hoffnung aufgegeben. Viele betroffene Mütter ziehen sich aus ihren Beziehungen zurück und schränken ihr Sexualleben ein. Es kommt häufig zu Scheidungen. Manche suchen ihr Glück im Alkohol oder flüchten sich ein anderes Leben ohne Familie. Andere werden gewalttätig.

Immer mehr Problemkinder werden ebenfalls gewalttätig, ihre verängstigten Eltern suchen verzweifelt nach den Gründen dafür. Ralph, dessen Sohn die Polizei im geklauten Auto seines Vaters beim Sex mit einer minderjährigen Schülerin erwischt hatte, beschuldigte sich, kein guter Vater zu sein. Obwohl dies in den Augen seiner Frau nicht zutraf, hatte er starke Schuldgefühle und glaubte, das Geschehene hätte sich verhindern lassen, wenn er alles anders gemacht hätte. Wie schon gesagt, ist Selbstanklage eine Kopfreaktion, die noch niemandem bei der Suche nach einer Lösung geholfen hat. Wenn man sie nicht unterbindet, verwandeln sich Selbstanklage und Schuldgefühle schlussendlich in Depression.

Millionen Menschen verschaffen sich Machtgefühle, indem sie Verbrechen begehen oder gewalttätig werden. Der egoistische Kopf sagt: „Hol dir, was du kriegen kannst", und kümmert sich wenig um andere oder irgendwelche Folgen. Viele „Kopfmenschen" stehen in ständiger Konkurrenz zu anderen, sind ehrgeizig, zänkisch, überkritisch und sogar beleidigend. Oft zahlen sie den Preis für dieses Verhalten in Form von gescheiterten Beziehungen und Krankheit.

Für viele Menschen ist die Gefahr von Bandenkriegen, Terroristenangriffen, Erdbeben, wirtschaftlichen Krisen, Obdachlosigkeit oder AIDS ein Anlass, das Leben aus der Kopfperspektive zu betrachten. In ihrer Angst haben sie das Gefühl, nichts könne diese öde Realität verändern, und resignieren. Doch jede Generation hat mit ihren eigenen Gefahren zu kämpfen. Einst löschten Krankheiten wie Tuberkulose oder Cholera ganze Ortschaften aus. Niemand konnte wissen, ob ein Soldat heil aus dem Bürgerkrieg zurückkehren würde. Die Reaktionen des Kopfes sind nicht neu. Neu ist nur die Art der Belastung und der Gefahren. Erfüllung oder das Fehlen von Erfüllung hängt nicht in erster Linie von äußeren Umständen und Gegebenheiten ab. Sie hängt von Einstellungen und Betrachtungsweisen ab.

Erwartung ist ebenfalls eine Kopfreaktion, die Enttäuschung und Stress praktisch vorprogrammiert. Ihr Kind ist Ihnen wichtig – deshalb erwarten Sie ein bestimmtes Verhalten von ihm. Wenn Sie aber an dieser Erwartung emotional kleben, sind Sie enttäuscht, wenn das Kind sich nicht entsprechend verhält. Vielleicht verfallen Sie dann in Selbstmitleid und meinen, zu Recht verletzt, besorgt oder traurig zu sein. Unkontrolliertes Mitleid raubt Ihnen die Energie, und Sie fangen an, sich selbst zu bedauern. Hoffnungslosigkeit oder Zukunftsangst entstehen aus der Unfähigkeit, das Leben aus der Herzperspektive zu sehen. Sie müssen sich klarmachen, dass Sie sich zwischen zwei Alternativen entscheiden können – dem Kopf und dem Herzen. Die eine macht Sie zum Opfer, die andere stärkt Sie.

Wenn das Herz entscheidet

Menschen, die sich bei ihren Entscheidungen vom Herzen leiten lassen, sind zwar nicht vollkommen, fühlen sich charakteristischerweise aber sicher. Ihre Sicherheit rührt daher, dass sie erfahren haben, wie positiv sich Ergebnisse, die auf Herzreaktionen zurückgehen, auswirken. Sie hören auf das Herz anderer Menschen und auf ihr eigenes Herz und gelangen intuitiv zur richtigen Sichtweise. Auch wenn die Umstände sich nicht ändern lassen, nutzen sie ihr Herz, um die beste aller Reaktionsmöglichkeiten herauszufinden.

Eltern von schwierigen Kindern haben oft das Gefühl, nicht gut zurechtzukommen. Wenn man ein Kind besonders intensiv betreuen, ständig hinter ihm her sein und aufräumen muss, ist das fraglos erschöpfend. Im Allgemeinen ist die Folge davon Ärger. Doch Eltern, die innehalten und auf ihre Intuition hören, spüren, dass sich immer Lösungsmöglichkeiten bieten. Sie wissen, dass das Leben ständig im Fluss ist und Sicherheit auf die Dauer nur von innen, aus dem Herzen, kommen kann. Nicht einzelne Fragen, das Ganze liegt ihnen am Herzen, und sie sind sensibel für alles, was geschieht. Angesichts von Herausforderungen entwickeln sich ihre Beziehungen positiv. Menschen, die das Leben aus der Herzperspektive betrachten, werden sich mit der Zeit immer mehr darüber bewusst, dass die Quelle von Erfolg und Gesundheit in ihnen selbst liegt; sie haben das Gefühl, dass ihnen alles gelingt, und sind glücklich.

Wenn Sie ein problematisches Kind haben oder ihr Kind gerade eine schwierige Phase durchmacht, ist es wichtig, dass Sie sich selbst und dem Kind verzeihen. Diese Entscheidung kommt aus dem Herzen. Machen Sie sich klar, dass Sie und Ihr Kind Ihr Möglichstes tun. Wenn Sie versucht haben zu vergeben, aber wieder Groll in Ihnen hochsteigt, halten Sie sich nicht für einen Versager. Seien Sie ehrlich zu sich selbst, und erinnern Sie sich daran, wie wichtig es ist, zu vergeben. Besinnen Sie sich mit Hilfe der FREEZE-FRAME-Technik wieder auf die Intelligenz Ihres Herzens, hören Sie auf Ihre Intuition, und spüren Sie Vergebung für sich, Ihr Kind, andere Familienmitglieder, Lehrer, die Gesellschaft – immer wieder, bis Sie sich frei fühlen. Sie werden es schaffen. Mit Mitgefühl, Liebe und intuitivem Verständnis kann eine Mutter oder ein Vater jede Situation meistern.

Mitgefühl

Mitgefühl ist ein wirksames Mittel, um Kopfreaktionen, die Angst, Erwartungen und Selbstmitleid hervorrufen, entgegenzuwirken. Mitgefühl zündet, wenn man erkennt, dass jeder Mensch (einschließlich einem selbst) einzigartig ist, wenn man sich „von Herz zu Herz" mit einem anderen Menschen verbindet und das Wesen dieses Menschen wirklich zu verstehen sucht. Wenn Ihnen an jemandem viel liegt und Sie sich nichts sehnlicher wünschen, als ihn zu verstehen, werden Sie mitfühlend.

Es ist wichtig, dass Ihr Mitgefühl ausgewogen ist. Es kann vorkommen, dass man vom Mitgefühl ins Mitleid abrutscht, wenn man sich emotional zu sehr identifiziert. Wenn man sich die Prob-

leme eines Kindes zu sehr zu Eigen macht, raubt einem das die
Energie, denn wer sich in den Schwierigkeiten eines anderen ver-
fängt, neigt dazu, ihn übermäßig zu beschützen, und blockiert die
eigene Klarsicht. Ausgewogenes Mitgefühl erhält die Herzperspektive aufrecht und stärkt die Fähigkeit, kreative Lösungen zu finden.

Wie man mit Verdrängung umgeht

Verdrängung ist eine der schlimmsten Blockaden herzgesteuerter
Wahrnehmung. Wenn negative Gefühle sich türmen und verdrängt
werden, bleibt der Körper im Stresszustand. Steigt der Druck, ent-
lädt er sich auf unterschiedliche Weise durch Nägelkauen, Zwir-
beln der Haare, Überempfindlichkeit, Hyperaktivität oder psycho-
somatische Leiden. Anhaltende innere Turbulenzen führen zu
chronischer Müdigkeit und verringern die Widerstandskraft gegen
Krankheiten. Verdrängte Energien sind nicht konstruktiv nutzbar.
Verdrängung bedeutet nicht nur, negative Emotionen zu vergra-
ben, Verdrängung verhindert auch das Aufsteigen warmherziger
Gefühle.

Das klassische Beispiel dafür: Ein Kind sagt einem Erwachsenen, wie es sich fühlt, und der Erwachsene teilt dem Kind mit,
wie es sich zu fühlen hat. So entsteht Verdrängung. Versetzen Sie
sich doch einmal an die Stelle dieses Kindes, um sich darüber klar
zu werden, wie eine solche Vorschrift Sie selbst herausfordern
würde. Stellen Sie sich vor, Sie seien sieben Jahre alt und weinten,
weil Ihr Hund gestorben ist. Ihre Eltern sagen: „Es war doch nur
ein Hund. Du solltest wegen eines Tieres nicht weinen. Große
Kinder weinen nicht." Wie wirkt das auf ein Kind, dessen Hund
sein bester Freund war, dem es sich anvertrauen, den es knuddeln
und lieb haben konnte? Das ist gewiss ein extremes Beispiel, aber
die Suche nach Verständnis, das aus dem Herzen kommt, veranlasst alle Kinder, ihre wahren Gefühle offen zu zeigen und sich dadurch Erleichterung zu verschaffen.

Wenn man mit dem Herzen versteht, wird es möglich, Gefühle
zuzulassen und anzunehmen. Das Verständnis der eigenen negativen Emotionen setzt diese in einen Bezugsrahmen, der die Verdrängung überflüssig macht. Die HEARTMATH – HERZINTELLIGENZ-
Techniken helfen dabei, verdrängte Gefühle anzuerkennen, zu verstehen und loszulassen. Bringen Sie Ihrem Kind bei, dass seine
Gefühle wertvoll sind und es ihretwegen geschätzt wird. Es sind
die Gefühle, die ihm ermöglichen, menschliche Stärken und
Schwächen zu akzeptieren. Gefühle zeigen zu dürfen ist für Kinder lehrreich; sie sehen ihre Probleme dadurch realistischer und
schätzen sie nicht länger falsch ein. Das sich daraus entwickelnde
Selbstvertrauen verändert den ganzen Menschen. Kinder erlangen
diese Selbstsicherheit, indem sie ihrem Herzen vertrauen. Selbstachtung ist der zur Entfaltung gebrachte Wesenskern der Herzenskraft. Wenn man konsequent das Herz stärkt, kann man vollkom-
mene Selbstachtung erlangen – das Herz und die Intelligenz, Zer-
brochenes heil zu machen.

Unsere wissenschaftlichen Studien über die Natur des Herzens
und über Möglichkeiten, eigene Stärke zu entwickeln, zeigen, welche Sichtweisen uns Kraftimpulse geben, uns Ausgeglichenheit
und Erfüllung bringen und welche uns schwächen und Stress erzeugen. Wenn sich Eltern für eine Perspektive entscheiden, die
stärkt und ermutigt, folgen die Kinder ihrem Beispiel. Als der
zwölfjährige Skyler, der am Kinderprogramm des IHM teilnahm,
gefragt wurde: „Wie empfindest du dein Leben?" und „Was
glaubst du, fühlen andere Kinder?", antwortete er: „Das Leben ist
ein Abenteuer und eine Herausforderung. Mag ein Tag schlecht
sein und eine Herausforderung darstellen, kann der nächste ein
Abenteuer sein – wie ein Ausflug in den Wald. Ich bin froh, dass
ich lebe. Manche Kinder sind depressiv, manche sind glücklich.
Das Leben ändert sich. Alles, was geschieht, wirkt sich auf dich
aus. Als kleines Kind geriet ich oft in Schwierigkeiten. Dann veränderte ich mich. Ich hatte es satt, immer schlecht gelaunt und
wütend auf die Leute zu sein. Menschen können sich ändern,
denn wenn sie ihr Leben und das, was ihnen daran nicht gefällt,

unter die Lupe nehmen, können sie sich entscheiden, es zu verändern."

Es gibt Hoffnung für das Fortbestehen der Familie, und diese Hoffnung lässt sich stärken, wenn Sie lernen, Ihre Herzintelligenz einzusetzen. Wenn Sie dies bewusst und konsequent tun, werden Sie in allen Lebensbereichen weisere und produktivere Entscheidungen als zuvor treffen. Haben Sie bei der Umsetzung dieser Prinzipien und Techniken mit sich selbst und Ihren Kindern Geduld. Weder Eltern noch Kinder sind vollkommen. Lassen Sie sich nicht entmutigen, wenn Ihr Kind eine schlechte Woche hat oder Ihnen eines Tages der Hut hochgeht und Sie es anbrüllen, weil Sie so gestresst sind. Es lohnt sich, Zeit und Mühe darauf zu verwenden, sich selbst in den Griff zu bekommen und die Kraft des Herzens einzusetzen.

Kapitel 6

Fürsorgliche und überbesorgte Eltern

Wenn Sie gelernt haben, einen neutralen Standpunkt einzunehmen und mittels der FREEZE-FRAME-Technik Ihre Herzintelligenz sprechen zu lassen, können Sie selbst feststellen, wann Sie fürsorglich und wann Sie überbesorgt reagieren. Fürsorglichkeit und Überbesorgtheit werden oft verwechselt.

Überbesorgtheit schwächt alle Beteiligten. Wenn Eltern Kinder zu sehr unter die Fittiche nehmen, steigen in ihnen Frustration, Angstgefühle und Seelenpein auf. Überbesorgte Eltern sehen ihre Kinder im Licht der eigenen beschränkten Perspektive. Sie nörgeln, oft ohne selbst sicher zu sein, dass ihre Forderung deren Interessen am besten dient. Sie machen sich ständig Sorgen um ihre Kinder, bilden sich aber ein, ihnen gegenüber fürsorglich zu sein. Tatsächlich wenden sich Kinder von Eltern ab, die sie ewig korrigieren und ständig mit ihrer Sorge konfrontieren. Überbesorgtheit erzeugt Kummer, und dabei halten die Menschen sie für ein Mittel, Kummer zu verhindern. Um übertriebene Sorge sein lassen zu können, muss man zuerst einmal akzeptieren, dass das eigentliche Gefühl echter Fürsorglichkeit von stressbehafteten Emotionen wie Gram, Trübsal, Trauer „annektiert" wurde.

Wie können Eltern wissen, ob sie fürsorglich oder überbesorgt sind? Fragen Sie sich: „Erzeugt mein Verhalten Stress, oder baut es ihn ab?"

Sind Sie überbesorgt? Prüfen Sie sich selbst!

◊ Machen Sie sich oft Sorgen um Ihr Kind?

◊ Grämen Sie sich wegen seiner Einstellungen, Gewohnheiten, Freunde oder schulischen Leistungen?

◊ Beunruhigt es Sie, dass Ihr Kind undiszipliniert ist oder keinen Sinn für Moral zu haben scheint?

◊ Strengt es Sie an oder macht es Sie traurig, dass Sie sich nicht nur um Ihr Kind, sondern auch noch um Ihre Arbeit, den Haushalt und die anderen Familienmitglieder kümmern müssen?

◊ Sind Sie frustriert, weil Sie nicht genug Zeit für Ihr Kind haben?

◊ Haben Sie Schuldgefühle, oder bedauern Sie manchmal Ihr Verhalten gegenüber Ihrem Kind ?

◊ Sind Sie bestürzt, weil Sie nicht wissen, wie Sie es schaffen sollen, dass Ihr Kind sich intensiver geliebt, besser akzeptiert oder wichtig genommen fühlt?

◊ Haben Sie Angst im Hinblick auf die Zukunft Ihres Kindes, oder machen Sie sich deswegen Sorgen?

Übertriebene Sorge erzeugt Stress. Fürsorglichkeit reduziert Stress und ist produktiv. Wenden Sie die Freeze-Frame-Technik an, um den Unterschied zu spüren. Machen Sie sich klar, dass jedes unangenehme Gefühl, vom leichten Unbehagen über eindeutige Besorgnis bis zu Beklemmung, Unsicherheit, Angst, Seelenpein, Bedauern, Schuldbewusstsein usw., auf Überbesorgtheit hinweist. In diesem Fall hat Ihr Kopf Ihre Fürsorglichkeit ins Extrem getrieben und ihr damit die Wirksamkeit genommen. Sind Eltern überbesorgt, werden Unsicherheit und Energieverlust zum Dauerzustand und das alles im Namen echter Fürsorglichkeit. In meinem Buch *Cut-Thru: Achieve Total Security and Maximum Energy* (dt. etwa: „Cut-Thru: Wie man ein Maximum an Sicherheit und Energie erreicht") gehe ich darauf ausführlich ein. Hier widme ich diesem Thema nur dann Aufmerksamkeit, wenn es um Fragen der Kindererziehung geht.

Teilnehmer des IHM-Seminars Empowered Parenting Retreats (dt. etwa: „Eltern schöpfen Kraft") „bezichtigten" sich in folgenden Punkten der übertriebenen Fürsorglichkeit. Trifft davon auch etwas auf Sie oder Ihnen bekannte Eltern zu?

- Ich erkläre alles viel zu genau, weil ich sicher sein will, dass mein Kind es auch kapiert, deshalb nörgele ich an ihm herum oder halte ihm Vorträge und komme doch nicht an es heran.

- Ich plane zu viel und treffe zu viele Entscheidungen für meine Kinder. Ich spiele den Retter, statt den Vater.

- Ich mache mir Sorgen und stelle deshalb zu viele Fragen, um herauszufinden, was los ist.

- Ich kritisiere die Manieren meines Kindes und setze es unter Druck, dass es sich höflich verhält und auf sein Erscheinungsbild achtet.

- Ich habe Schuldgefühle, weil ich Zeit für mich selbst brauche und den Kindern nicht genug Zeit widme.

- Es liegt mir viel zu viel daran, keine Aufregung zu verursachen und keine Konflikte mit den Kindern zu haben.

Überbesorgtheit entsteht aus Unsicherheit, bietet aber keine Lösung dafür. Fürsorglichkeit beruht auf einem Gefühl der Sicherheit und verstärkt dieses. Wenn Eltern lernen, von übertriebener Sorge abzusehen und ihre Fürsorglichkeit wieder zu entdecken, verstärkt sich ihr Gefühl von Verbundenheit mit den Kindern. Überbesorgtheit unterbricht das intuitive Band zwischen Eltern und Kindern und veranlasst so manches Kind wegzulaufen. Oft ist es Kindern angenehmer, Eltern aus der Ferne zu lieben, statt bei ihnen zu bleiben. Wenn sich die Kinder durch übertriebene Sorge der Eltern abgestoßen fühlen, verstärken diese in der Regel ihre Bemühungen.

Ein Firmenleiter, der das IHM besuchte, erzählte mir, der Begriff Überbesorgtheit sei ihm unverständlich. Doch einige Stunden nach unserem Gespräch ertappte er sich dabei, dass er am Telefon zu seinem Sohn sagte: „Es liegt mir etwas an deinem Wohlergehen, deshalb sage ich dir das immer und immer wieder." Dieser antwortete: „Das ist ja das Problem, dass dir so übertrieben viel daran liegt, Vater." Dem Mann wurde klar, dass seine Überbesorgtheit seinen Sohn auf Distanz hielt und die Kommunikation zwischen ihnen gestört war. Menschen, die versuchen, durch Überbesorgtheit eine Beziehung herzustellen, verstehen oft nicht, dass sie dadurch echte Resonanz auf einer tieferen Ebene unterbinden. Viele Eltern behaupten: „Wenn ich mir keine Sorgen mache, mangelt es mir doch an Fürsorglichkeit." Bei genauerer Betrachtung wird klar, dass Überbesorgtheit eine ungeheure Übersteigerung echter Fürsorglichkeit und vollkommen unwirksam ist. Sie verursacht ein starkes Defizit im Energiehaushalt. Wenn Sie sich ausgelaugt fühlen, weil Sie sich zu viele Sorgen machen, schalten Sie mit der FREEZE-FRAME-Übung um auf Ihr Herz, und entdecken Sie das ursprüngliche Gefühl der Fürsorglichkeit und die Gründe für dessen Vorhandensein wieder. Dadurch kehren Sie zur Herzperspektive zurück, können Sorgen Sorgen sein lassen und werden fähig, kreativ zu handeln.

Das wahre Drogenproblem

Eine der größten Sorgen von Eltern ist heutzutage die Frage, ob ihre Kinder Drogen nehmen. Diese Frage erfordert Beachtung, ist aber auch ein Beispiel dafür, dass Überbesorgtheit den Familienmitgliedern ebenso schaden kann wie Drogenkonsum. Die Gesellschaft fürchtet Drogen, weil diese ein hormonelles und biochemisches Ungleichgewicht erzeugen, das den Verstand verwirren und den Körper zerstören kann. Doch Überbesorgtheit wirkt ähnlich destruktiv. Anhaltende Überbesorgtheit wirkt auf das Hormon- und das Immunsystem genauso wie eine starke Droge. Viele Leiden, die dem Drogenmissbrauch und der Krise im Gesundheitswesen Vorschub leisten, gehen auf Überbesorgtheit zurück. Sie ist heimtückisch, weil man sich ihres Vorhandenseins und ihrer Folgen gar nicht bewusst ist. Wenn das Immun- und das Hormonsystem wegen Unsicherheit, Furcht oder Existenzangst ständig im Ungleichgewicht sind, fühlen sich die Betroffenen dazu getrieben, viel zu viel zu essen oder gar nichts zu essen, sich mit Alkohol volllaufen zu lassen, Drogen zu nehmen usw. Der Konsum von Drogen, die auf der Straße oder mittels ärztlicher Rezepte erhältlich sind, fällt mehr ins Auge als Überbesorgtheit, doch wirkt diese wie eine Droge, die man sich in Gedanken und durch seine Einstellung ständig selbst verschreibt und regelmäßig verabreicht, eine Droge, die den Organismus auslaugt und den Alterungsprozess beschleunigt. Wenn Sie erst einmal erkannt haben, dass Überbesorgtheit Ihnen und Ihren Kindern das Leben schwer macht, dann werden Sie auch verstehen, dass es sich wirklich lohnt, durch Übung wieder ins Gleichgewicht zu kommen und zur echten Fürsorglichkeit zurückzufinden.

Beim Thema Drogen- oder Alkoholmissbrauch durch Kinder kann bei Eltern leicht das Gefühl entstehen: „Darüber kann man sich doch gar nicht genug Sorgen machen!" Aber bei genauerem Hinsehen wird ihnen klar, dass man mit echter Fürsorglichkeit eine viel stärkere und bessere Wirkung erzielt, den Körper zur Produktion stimulierender, regenerierender Hormone anregt und gleichzeitig das intuitive, für intelligentes Handeln verantwortliche Bewusstsein stärkt. Letztendlich ist es die Intelligenz, die es ermöglicht, die Drogen- und Gesundheitsprobleme der Gesellschaft zu lösen.

Dank überlieferter Einstellungen – eines Nachhalls der vorherrschenden Auffassung, die emotionale Überidentifikation befürwortet – fand die Überbesorgtheit unter der Hand Aufnahme ins gesellschaftliche Bewusstsein. Natürlich sind Probleme mit Kindern nicht nur eine Frage der Überidentifikation. Jede Form der Überidentifikation mit Freunden, Verwandten, Haustieren, der Arbeit, dem Sport, der Eitelkeit, der Gesundheit, sozialen Fragen usw. erzeugt Überbesorgtheit. Während ich dieses Buch schrieb, beschäf-

tigten sich Millionen von Menschen intensiv mit dem O.-J.-Simp-
son-Prozess, der Sicherheit ihres Arbeitsplatzes oder den Welt-
wirtschaftsproblemen, um nur einige aktuelle Themen zu nennen.
Was die meisten nicht erkannten, ist, dass die Chance, für diese
Probleme kreative Lösungen zu finden, durch Überbesorgtheit ge-
ringer wird. Überbesorgtheit laugt den Einzelnen, die Familie und
die Gemeinschaft emotional aus.

Ist dies der Fall, verlieren Alltagserfahrungen ihren Glanz. Lässt
die Intensität von Gefühlen nach, leben wir automatisch nur noch
halbherzig, haben spürbar weniger Frieden und Spaß, und unsere
Anpassungsfähigkeit nimmt ab. Geht es so weiter, führt dies zu
einer schwachen Depression, die sich dann zum Gefühl der Hoffnungslosigkeit und Verzweiflung auswachsen kann. Um nicht in
diese Abwärtsspirale hineinzugeraten, identifizieren Sie zuerst die
Bereiche, in denen Sie überbesorgt reagieren. Konzentrieren Sie
sich dann auf Ihr Herz, und wenden Sie für jeden Bereich die
FREEZE-FRAME-Technik an, sodass Sie wieder zu echter Fürsorglichkeit zurückfinden. Das setzt dem „Ausverkauf" Ihres emotionalen Energiereservoirs ein Ende. Den meisten Menschen ist nicht
klar, wie viel Energie ihnen zur Verfügung stünde, wenn sie sich
nicht länger emotional auslaugen ließen. Die FREEZE-FRAME-Technik hilft Ihnen, diesen Genesungsprozess selbst zu überwachen
und aus eigener Kraft zur ausgewogenen Fürsorglichkeit zurückzufinden. Die Folge davon sind mehr Energie, mehr Lebensqualität und bessere Anpassungsfähigkeit.

Anpassungsfähigkeit

Anpassungsfähigkeit ist eine wichtige Eigenschaft, die erfordert,
dass man sich gedanklich und emotional im Griff hat und Ausdauer besitzt. Je größer die Anpassungsfähigkeit ist, desto größer
ist auch die Fähigkeit, selbst Veränderungen zum Positiven herbeizuführen. Oft klagen Menschen über zu wenig Kraft, Dinge zu
ändern, und erkennen nicht, dass ihre Kraft erschöpft ist, weil sie
unfähig sind, sich an Gegebenheiten anzupassen. Es kostet sie eine

Menge Energie, auf Zeitungs- oder Fernsehnachrichten oder ver-
gangene Ereignisse zu reagieren; sie vergessen, dass ihre Reaktion
auf diese Ereignisse selbst gar keine Auswirkung hat. Auch glauben sie, Überbesorgtheit sporne zu produktivem Handeln an.
Dem ist nicht so. Überbesorgtheit macht unfähig, beeinträchtigt
die Klarheit, erzeugt Angst und schwächt die schöpferische Kraft.
Sollte beispielsweise Ihr Kind Sie enttäuschen, weil es bei einer
wichtigen Schulprüfung versagt hat oder mit Drogen erwischt
wurde, und es gelingt Ihnen nicht, sich der Situation angemessen
zu verhalten und aufzuhören, sich übermäßige Sorgen zu machen,
erschöpfen Sie Ihre kreative Fähigkeit, ihm zu produktiven Veränderungen zu verhelfen. Sich anzupassen heißt nicht, das Fehlverhalten des Kindes zu billigen. Es bedeutet zu begreifen, dass das
Geschehene nun einmal geschehen ist, und sein weiteres Vorgehen
darauf einzustellen.

In Zeiten schnellen Wandels ist es sehr wichtig zu verstehen,
wozu Anpassungsfähigkeit dient und welche Art von Energie erforderlich ist, um sie zu stärken. Es ist für Menschen lebenswich-
tig zu lernen, mit gedanklichen und emotionalen Energien so umzugehen, dass die Anpassung an Unvorhersehbares gelingt, bei der
Kindererziehung ebenso wie in Beziehungen, bei der Arbeit oder
im Falle gesellschaftlicher Tragödien oder Naturkatastrophen.
Letztendlich müssen Sie sich sowieso anpassen. Ist man überbesorgt, dauert nicht nur die Anpassung länger – es braucht auch
mehr Zeit, neue Lösungen zu finden. Anpassung durch ausgewogene Fürsorglichkeit spart Kraft und verkürzt die Suche nach
neuen Möglichkeiten.

Es ist offensichtlich, dass Kinder sich schnell an veränderte Umstände anpassen. Viele Eltern haben selbst schon mit Erstaunen
beobachten können, dass ihr Kind, wenn es sich auf etwas Bestimmtes versteift hatte, das es nicht haben konnte, seinen Wunsch
bereits nach einem offenen Gespräch fallen ließ. Das zeugt von
der Kraft, die der Anpassungsfähigkeit innewohnt, über die junge
Menschen von Natur aus verfügen, bis sie aufgrund überlieferter
Konzepte und tradierter Überbesorgtheit nachlässt. Wenn Erwach-

sene Flexibilität, Nachgiebigkeit und Durchhaltevermögen trainie-
ren, um der Überbesorgtheit ein Ende zu setzen, werden sie ihre
kindliche Fröhlichkeit wiedererlangen.

Schauen wir uns an, wie einige Eltern, die sich während eines
Empowered-Parent-Seminars über ihre Überbesorgtheit klar wurden, damit fertig wurden.

Beispiel: Ich erkläre alles viel zu genau, weil ich sicher sein will,
dass mein Kind es auch kapiert. Daher nörgele ich an ihm herum
oder halte ihm Vorträge und komme doch nicht an es heran.

Nachdem der Mann, der dies geäußert hatte, ein FREEZE-FRAME-
Arbeitsblatt ausgefüllt und die FREEZE-FRAME-Übung gemacht
hatte, erkannte er, dass sein Kopf mit Sorgen und Angst reagierte,
er sei als Vater nicht gut genug. Aus Unsicherheit nörgelte er noch
mehr und verstärkte seine Bemühungen. Durch FREEZE-FRAME
wieder ins Gleichgewicht gebracht, erkannte er intuitiv, dass er
seinem Sohn so lange intensiver als bisher zuhören musste, ohne
gleich zu antworten, bis wieder eine tiefere Verbindung zwischen
ihnen beiden entstanden war. Als er darüber mit den anderen Eltern sprach, wurde ihnen klar, dass Überbesorgtheit das ursprüngliche Gefühl, die Fürsorglichkeit, die immer zuerst da ist, betäubt.
Hat man sich erst einmal daran gewöhnt, sich übertriebene Sorgen
zu machen, lassen sich Erinnerungen an Situationen, in denen es
echte Nähe gab, nur schwer vergegenwärtigen. Deshalb hört man
von Eltern oft: „Ich weiß gar nicht, was passiert ist. Jahrelang
hatte ich eine sehr enge Beziehung zu meinem Kind, und jetzt haben wir nicht einmal mehr dieselbe Wellenlänge, wenn wir versuchen, miteinander zu reden."

Überbesorgtheit erzeugt buchstäblich eine andere Wellenlänge,
die eine tiefere Bindung unmöglich macht. Es ist, als versuche
man eine Radiosendung zu hören und habe nicht die richtige Sen-
defrequenz erwischt. Wenn so etwas zwischen Eltern und Kind
geschieht, spricht man heute allgemein von „Kommunikations-
lücke". Es ist die übertriebene Fürsorge, die Statik erzeugt und

Lücken verursacht; ausgewogene Fürsorglichkeit ist die richtige Frequenz für gelungene Kommunikation.

Aufrichtige Fürsorglichkeit verleiht Kraft

Wenn man jemanden bittet, eine Person zu nennen, die ihm viel bedeutet einen – Lehrer, einen Freund, die Eltern oder Großeltern – erinnert er sich meistens an einen Menschen, dem sein Wohlergehen wirklich am Herzen lag und der Verständnis für ihn hatte. Denken Sie einmal zurück. Gibt es in Ihrem Leben jemanden, der in Ihrer Erinnerung einen wichtigen Platz einnimmt, weil ihm Ihr Wohlergehen wirklich wichtig war?

Als Junge hatte ich immer Schwierigkeiten mit der Disziplin und war kein guter Schüler. Nur einmal bekam ich gute Noten – und zwar bei einer Lehrerin, die mir wirklich helfen wollte. Auch andere Lehrer hatten das versucht, aber bei Frau Nelson war es etwas anderes. Sie nörgelte nicht an mir herum, sondern lobte mich für die Dinge, die ich gut machte. Ich wollte mich verbessern, weil ich sie mochte. Ihr lag etwas an mir! So etwas zu erleben ist sehr inspirierend. Diese Art Fürsorglichkeit ist für eine harmonische Arbeitsatmosphäre zu Hause und anderswo unerlässlich. Aufrichtige Fürsorglichkeit ist das, was Menschen zusammenschweißt und Beziehungen haltbar macht. Sie verhilft zu angemessenem Verständnis und damit zur Überwindung von Abneigung und zu der Fähigkeit, bei Ärger mit den Kindern Fünf gerade sein zu lassen. Die Welt hungert nach dieser echten Fürsorglichkeit. Sie nährt und heilt, erzeugt ein Sicherheitsgefühl und wirkt unterstützend auf alle Beteiligten.

Wenn man die Energie, die in Relation zur Fürsorglichkeit verloren gehen oder erhalten bleiben kann, in Zahlen fassen könnte, würde jedes Kind in der Schule den Unterschied zwischen ausgewogener und übertriebener Fürsorge lernen müssen. Das würde zahlreiche Probleme von Kindern, innerhalb der Familie und des Schulsystems lösen und auch die allgemeine Lernfähigkeit der

Kinder fördern. Diese nimmt zu, wenn die Überbesorgtheit aus unserem Denken verschwindet. Wenn man Kindern den Unterschied zwischen echter und übertriebener Fürsorglichkeit früh beibringt, ist das eine Vorsorgemaßnahme, durch die sie als Erwachsene, die vielleicht selbst einmal Kinder haben werden, nahezu frei von Kommunikationsproblemen sein werden. Sich von übertriebener Sorge frei zu machen erfordert Übung. Als ersten und wichtigsten Schritt in diese Richtung muss man sie überhaupt als solche erkennen und sich ihr Vorhandensein eingestehen. Die FREEZE-FRAME-Technik verhilft Ihnen zu einer Fürsorglichkeit ohne Sorge. Sie zeigt Ihnen die Bereiche, in denen Ihre natürliche Fürsorglichkeit in Überbesorgtheit umgeschlagen hat und Stress verursacht, und hilft Ihnen, wieder zu einer ausgewogenen Perspektive zu gelangen, sodass keine weitere Energie verloren geht und das statische Verharren in einem Zustand ein Ende hat. Mit etwas Übung gibt Ihnen der Gedanke an die Energie, die Sie sparen können, die Kraft, einfach nein zu sagen, sich auf Ihr Herz zu besinnen, wenn sie sich zu viele Sorgen machen, und einen anderen Blickwinkel einzunehmen. Haben Sie sich erst einmal auf die Herzperspektive besonnen, wird der Kopf schon nachziehen und neue, effektivere Standpunkte entwickeln.

Vickys siebzehnjährige Tochter Ginny kam erst um drei Uhr früh von einer Verabredung nach Hause, obwohl sie mit ihrer Familie vereinbart hatte, schon um Mitternacht zurück zu sein. Das letzte Mal, das so etwas geschehen war, war Vicky außer sich vor Angst gewesen und hatte geweint, während sie darauf gewartet hatte, die Tür aufgehen zu hören. Als sie diesmal Sorgen und Tränen in sich aufsteigen fühlte, wandte sie die FREEZE-FRAME-Technik an, denn sie hatte vor kurzem einen HEARTMATH – HERZINTELLIGENZ-Kurs zum Inner Quality Management® (dt. etwa: „Psychisches Qualitätsmanagement") besucht und dort etwas über übertriebene Sorge erfahren. Mit Hilfe der FREEZE-FRAME-Technik konnte sie Sorgen und Tränen im Zaum halten. Sie besann sich auf die Vernunft ihres Herzens, und ihre Intuition sagte ihr, Ginny ginge es wahrscheinlich gut. Was immer ihre Tochter auch tat, Sorgen und Tränen halfen nichts. Im Grunde ihres Herzens wusste Vicky, dass sie zwar eine Vereinbarung getroffen hatten, ihre Tochter diese aber nicht ernst genommen und nie beabsichtigt hatte, sich daran zu halten. Vicky erkannte, dass sie offen mit ihrer Tochter sprechen musste.

Es entsteht eine Menge Stress, wenn Kopf- und Herzperspektive ständig aufeinander prallen. Selbst wenn wir uns dessen nicht bewusst sind, herrscht in unserem Inneren oft ein „Krieg der Frequenzen", und beide Seiten kämpfen um die Vorherrschaft. Dabei ist es nicht so, dass Kopf und Herz von vornherein Gegner sind, wie die Helden und Schurken im Film; vielmehr ist es so, dass sie einfach willkürlich interagieren. Unsere Aufgabe ist es, durch bewusste Anstrengung zu erreichen, dass Kopf und Herz zusammenarbeiten. Dieses Potential hat jeder Mensch. Es ist leichter als vermutet, Kopf und Herz zum Dialog zu bewegen, wenn beiden erst einmal die daraus resultierenden Vorteile bewusst geworden sind. Forschungen des IHM zeigen, dass Einstellungen, die auf der Zusammenarbeit von Kopf und Herz basieren, die Kommunikation bereichern und den Organismus inklusive Immun- und Hormonsystem unterstützen. Ausgewogene Fürsorglichkeit ist beispielhaft für eine vorteilhafte Zusammenarbeit, während Überbesorgtheit Störfrequenzen zwischen Kopf und Herz erzeugt, die bleibende Schäden verursachen.

Oft wissen Menschen tief im Herzen, dass das, was sie Fürsorglichkeit nennen, sie auslaugt, und ärgern sich deswegen. Sie sagen: „Ich habe es so satt. Ich lass das Kind gehen, ich bin es überdrüssig, mir seinetwegen Sorgen zu machen." So lassen Eltern ihre Kinder ziehen, nicht weil es an der Zeit wäre, diese in die Selbständigkeit zu entlassen, sondern weil sie einfach nicht mehr können. Die Folge davon ist, dass sich niemand mehr kümmert. Die Betroffenen erkennen nicht, dass Überbesorgtheit zu noch mehr Überbesorgtheit führt, bis sie so erschöpft sind, dass sie sich überhaupt nicht mehr kümmern können.

Was geschieht, wenn ein anderer sich urplötzlich nicht mehr um einen kümmert? Ich hatte einen Freund, mit dem ich nach der Schule sehr viel Zeit verbrachte. Als Teenager sprachen wir oft über Mädchen, die Schule, Autos, einfach alles Mögliche, und deckten uns gegenseitig, wenn einer von uns in Schwierigkeiten geriet. Eines Tages ließ er mich fallen und schloss sich einer anderen Clique an. Er sagte nicht, warum, und ich war zu „cool", um ihn zu fragen. Aber im tiefsten Innern fühlte ich mich verletzt, verraten, verloren wie ein Schiff auf hoher See. Es ist hart, wenn ein Gefühl von Nähe sich auflöst. Ich machte mir viel zu viele Gedanken deswegen, bis ich so ausgelaugt war, dass es mir gar nichts mehr ausmachte. Hätte ich damals schon gewusst, wie man die Herzintelligenz einsetzt, hätte ich erkannt, dass ich mit ihm hätte sprechen müssen, um frei zu werden.

Das Problem ist, dass übertriebene Sorge so natürlich und berechtigt erscheinen kann. Aber Beklemmungen, Verzweiflung und Depression sind in Wirklichkeit gar nicht natürlich, sondern lediglich weit verbreitet. Gesellschaftlich überlieferte Verhaltensweisen müssen angesprochen werden, wenn Eltern Frieden haben, Spaß und Lebensqualität nicht zugunsten von Überbesorgtheit einbüßen wollen.

Alleinerziehende

Für Alleinerziehende stellt übertriebene Sorge ein großes Problem dar. Wer das begreift, hat die Lösung schon gefunden. Angelina erzieht ihre zwei pubertierenden Söhne allein. Als sie am Empowered-Parent-Seminar des IHM teilnahm, war sie bereits sechs Jahre geschieden und hatte Schuldgefühle, weil ihre Söhne zu Hause kein männliches Vorbild hatten. Ihr sei ein großes Licht aufgegegangen, als sie den Unterschied zwischen echter und übertriebener Fürsorglichkeit erkannt habe, meinte sie. Während des Seminars listete sie auf einem FREEZE-FRAME-Arbeitsblatt mit Plus- und Minuskategorien auf, was sie in eine überbesorgte Haltung verfallen ließ und was dieser entgegenwirkte.

Unter *Minus* schrieb sie:

- Ich fühle mich schuldig, weil ich allein erziehend bin und wir keine perfekte Familie sind.
- Die Jungen haben kein männliches Vorbild.
- Als Alleinerziehende bin ich von anderen Erwachsenen isoliert und mache mir zu viele Sorgen, dass ich meinen Kindern nicht geben kann, was sie brauchen.
- Ich denke zu viel darüber nach, was andere Eltern und die Lehrer meiner Kinder denken und wie die Gesellschaft mich als Alleinerziehende sieht.
- Ich mache mir zu viele Gedanken darüber, ob meine Kinder mich mögen. Ich brauche ihre Zustimmung, ihre ständige Anerkennung.

Unter *Plus* schrieb sie:

- Ich lebe gern allein, so habe ich mehr Freude an den Kindern. Als ich noch mit meinem Mann zusammen war, hatten wir viel zu oft Streit, es schadete den Jungen.
- Lieber keinen Vater als einen, der kein echtes Vorbild ist.
- Meine Jungen sind in Ordnung. Sie haben Spaß am Leben und sind gut in der Schule. Ich habe Freunde. Mein übertriebenes Bedürfnis zu wissen, was die anderen von mir denken, hält mich davon ab, mich ihnen wirklich mitzuteilen.
- Ich tue mein Bestes für meine Söhne.

Bei der FREEZE-FRAME-Übung zum Schluss wurde Angelina aus tiefstem Herzen klar, dass sie in den letzten sechs Jahren über der Sorge wegen ihrer Mängel alles Positive übersehen hatte. Nicht, dass sie nie daran gedacht hatte, nur hatte sie nicht die Klarheit besessen, die die Herzperspektive ihr jetzt gab. Die FREEZE-FRAME-Technik beendete den inneren Wettstreit zwischen Kopf und Herz und ermöglichte ihr, die Realität zu erkennen. Dadurch, dass die Überbesorgtheit von ihr abfiel, wurde ihr intuitiv klar, dass die

Entscheidung, sich von ihrem Mann scheiden zu lassen, richtig gewesen war, und dass es gar keine Defizite gab. Ihre übertriebene Sorge hatte diesen scheinbaren Defiziten den Anschein von Echtheit verliehen, sodass sie ihre Gedanken mit Beschlag belegt, ihr die Energie geraubt und sie isoliert hatten. Ihre Herzintelligenz zeigte Angelina, wie sie sich von den herkömmlichen Meinungen über Alleinerziehende hatte einsperren lassen. Durch den Erwerb der neuen Techniken fühlte sie sich erleichtert und gestärkt genug, um ihren Weg zu gehen und an unnötige Schuldgefühle und die Frage, was andere wohl von ihr hielten, keine Energie mehr zu verschwenden. Später sagte sie: „Als ich verstanden hatte, was echte Fürsorglichkeit ist, fühlte ich mich wie neugeboren."

Viele Eltern leiden genauso unter übertriebener Sorge wie Angelina und müssen ihre Lage richtig einschätzen lernen. Wenn Sie sich zu viele Sorgen machen, käut Ihr Kopf ständig Probleme, Sorgen und herkömmliche Vorstellungen wieder und blockiert dadurch die Intelligenz des Herzens. Seit 1995 leben in den USA 12,5 Millionen Kinder bei Alleinerziehenden. Bei echter Fürsorglichkeit geht es um Tatsachen. Was geschehen ist, ist geschehen. Wenn man die Dinge so nimmt, wie sie sind, erlangt man neue Lebensqualität und kann effektiver mit ihnen umgehen. Es ist nicht so wichtig, ob ein Kind von einer Alleinerziehenden, einer Adoptivfamilie oder in einer traditionellen Familie großgezogen wird. Worauf es ankommt, ist die Qualität der Liebe und Fürsorglichkeit bzw. deren Mangel.

Überlieferte Vorstellungen

Durch überlieferte Vorstellungen entsteht ein Vergleichsrahmen, der Sie zum Opfer macht und verhindert, dass Sie gewinnen können. Wenn Sie sich von althergebrachten Rezepten überzeugen lassen, entsteht möglicherweise erst das Problem, das Sie mit übertriebener Sorge reagieren lässt. Das nächste Beispiel verdeutlicht, wie solch übertriebene Sorge manchmal etwas verursacht oder fortbestehen lässt, was man gar nicht will. Im Alter von neun Jahren zog ich zu meinen Großeltern. Meine Großmutter machte sich ständig wegen allem Möglichen Sorgen. Sie fütterte täglich alle Hunde aus der Nachbarschaft, weil sie Essensreste nicht wegwerfen konnte. Dann weinte sie, weil die Hunde den Garten zertrampelten. Mein Großvater sagte zu ihr: „Füttere doch die Hunde nicht mehr, dann brauchst du auch keinen Dreck mehr wegzumachen." Aber sie konnte es nicht bleiben lassen. Sie hatte nicht viel Geld und wollte nichts vergeuden. Wie vielen anderen Kindern sagte man auch mir, selbst wenn ich schon satt war, ich solle meinen Teller leer essen, weil es in anderen Ländern Kinder gäbe, die nicht genug zu essen hätten. Ich hatte 30 Pfund Übergewicht, bis ich endlich merkte, dass die Essensreste auf meinem Teller den hungernden Kindern in Indien gar nicht halfen, auch wenn sie mir Leid taten. Indem ich mich von landläufigen Vorstellungen frei machte, wurden meine Essgewohnheiten ausgewogen. Menschen wie meine Großmutter können nur schwer einsehen, dass Überbesorgtheit ihnen Energie raubt. Der Hauptgrund dafür ist, dass sie sich hinter der guten Absicht, fürsorglich zu sein, verbirgt. Ich kenne Eltern, die weinten, weil ihre Kinder Geld verschleuderten oder Rechte missachteten. Diese Eltern wollten nur das Beste. Sie versuchten, ihre Pflicht zu tun und von den Kindern akzeptiert zu werden.

Frauen und übertriebene Sorge

Offensichtlich sind Frauen anfälliger für übertriebene Sorge und sitzen im Falle des Falles mehr in der Klemme als Männer. Der Grund dafür ist folgender: Sie spielen dank ihrer natürlichen Sensibilität für Kinder eine dominante Rolle bei der Kindererziehung. Heutzutage, wo viele Frauen berufstätig sind, kommt ihre natürliche Fürsorglichkeit und Sensibilität der Arbeit zugute. Doch wenn diese Fürsorglichkeit in Überbesorgtheit umschlägt, trübt sie die Klarsicht und laugt emotional aus. Deshalb behaupten Männer oft, Frauen seien nicht in der Lage, harte Entscheidungen zu fällen. Im Allgemeinen haben Frauen auch deshalb mehr Probleme mit übertriebener Sorge, weil sie sich in der männlich dominierten Gesellschaft leicht als Opfer ungerechter sozialer Strukturen empfinden. Wenn sie sich aufrichtig darum bemühen, zu erkennen, in welchen Bereichen sie überbesorgt sind, und es schaffen, wieder zurückzufinden zu echter Fürsorglichkeit, können sie das Gefühl, ungerecht behandelt zu werden, überwinden. Sie öffnen sich mehr und mehr der intuitiven Intelligenz des Herzens, die gebraucht wird, um Dinge zu verändern, und fühlen sich nicht länger als Opfer überlieferter Strukturen.

Es mag so aussehen, als sei ich vom Thema „Kindererziehung" abgekommen. Aber vielen Frauen bleibt nicht viel Energie für die Erziehung ihrer Kinder, weil sie von anderen Anforderungen erschöpft sind. Beispielsweise reiben viele Frauen sich im Kampf um Zeit für Arbeit, Familie und sich selbst auf. Wie sollten sich dabei Energiedefizite vermeiden lassen? Dieser Kampf hört nicht einfach über Nacht auf, und keine gute Fee der Gerechtigkeit, die alles in Ordnung bringt, ist in Sicht. Doch Sie können es wirklich besser machen. Wie? Indem Sie die hier empfohlenen Techniken anwenden, um Ihre Hoffnung neu zu entfachen. Hoffnung ist freigesetzte Energie, die dafür genutzt werden kann, Veränderungen herbeizuführen. Verzweiflung ist ein negatives Muster, das sich von selbst verfestigt, wenn die Hoffnung fehlt. Deshalb können Sie, wenn Sie mit Hilfe Ihrer Herzintelligenz Hoffnung erzeugen lernen, einer Entwicklung Einhalt gebieten, die sonst unwiderruflich im Zustand der Erschöpfung enden würde. Die Herzperspektive lässt Sie intuitiv erkennen, wie Sie der Tretmühle entkommen und Frieden finden können. Wenn Sie sich aufrichtig bemühen, die HEART-LOCK-IN- und FREEZE-FRAME-Techniken anzuwenden, werden Sie Situationen immer besser einschätzen lernen – und in Folge davon den Hebel an der richtigen Stelle ansetzen können, um wirkungsvolle Veränderungen herbeizuführen. Bemühen Sie sich ernsthaft, Ihre Überbesorgtheit als solche zu erkennen, und finden Sie dann mit Hilfe der Herzperspektive wieder zu einer ausgewogenen Fürsorglichkeit zurück. So wird Ihr Tun ganz von selbst produktiver, und innerer Frieden kehrt ein.

Kopf oder Herz?

Viele Frauen, die die HEARTMATH – HERZINTELLIGENZ-Techniken anwenden, sind begeistert, wenn ihnen klar wird, wie viel Kraft ihnen der Perspektivwechsel von Kopf zu Herz für die Bewältigung großer Herausforderungen beschert. Die Herzperspektive unterstützt den inneren Befreiungsprozess, die Kopfperspektive hingegen schwächt meist, sodass man trotz aller Mühen weniger schafft als erhofft. Das soll nicht heißen, in der Frauenfrage sei man nicht weitergekommen, doch nachhaltige Ergebnisse sind nur zu erzielen, wenn man die intuitive Sichtweise des Herzens als Hebel ansetzt. Dann besteht Hoffnung, dass die Mühe endlich durch den verdienten Erfolg gekrönt wird.

Auch Väter finden sich immer häufiger in der Rolle des Alleinerziehenden wieder oder teilen sich die Erziehung und die Haushaltspflichten mit ihren viel beschäftigten, berufstätigen Frauen. Wenn Männer die traditionelle Frauenrolle übernehmen und sich um die Kinder kümmern, kochen und putzen, müssen sie eine für sie neue Sensibilität entwickeln. So haben sie dann plötzlich genauso wie Frauen mit übertriebener Sorge zu kämpfen. Auch Väter geraten zunehmend in Konflikte, wie sie ihre Zeit zwischen Arbeit, Familie und Privatleben aufteilen sollen. Sie klagen über Überarbeitung und Erschöpfung, haben aber das Gefühl, hart für ihre eigene Zukunft und die Zukunft ihrer Kinder zu arbeiten. Sie betrachten ihre Kinder – die Generation nach ihnen – als Hoffnungsträger der Zukunft. Wenn diese Kinder nicht lernen, die etablierten Muster der Überbesorgtheit hinter sich zu lassen, werden sie einmal dasselbe sagen: dass wiederum die nächste Generation alle Hoffnung für die Zukunft auf ihren Schultern trägt. Und so weiter und so fort, bis sich etwas ändert. Intuition, die aus dem Herzen kommt, ist sowohl für Männer als auch für Frauen der ausgleichende Faktor. Wenn beide begreifen, dass ein Mehr an Intuition den nötigen Impuls zu effektiven Entscheidungen gibt, werden sie sich mit der Überbesorgtheit, die ihnen die emotionale Flexibilität nimmt, auseinander setzen. Ein Mangel an Flexibilität führt zu Erschöpfung und dazu, dass man sich nur noch im Kreis dreht. Wenn Sie Ihre Überbesorgtheit mit der FREEZE-FRAME-Technik angehen, sparen Sie Energie, und weil Sie keine Zeit mehr mit Sorgen, Ängsten und Schuldgefühlen vergeuden, schwindet auch der Zeitdruck. Sie schaffen sich zeitliche Freiräume und gewinnen Energie, um das zu tun, was für Sie wichtig ist.

Verletzte Gefühle und Kummer

Wenn die Gefühle von Kindern verletzt werden und sie Kummer haben, fällt es Eltern meist schwer, nicht überbesorgt zu reagieren. Um zu verstehen, was hinter den verletzten Gefühlen steckt, und dem Kind Fürsorge und Rat zuteil werden zu lassen, muss man ihm zunächst intuitiv zuhören. Wenn Ihr Sohn leidet, weil er nicht in die Jugendmannschaft aufgenommen wurde, fragen Sie ihn, welche Gefühle das bei ihm auslöst, und warten Sie dann geduldig ab. Hören Sie einfach zu. Wenn er sich ausgesprochen hat, helfen Sie ihm, eine andere Einstellung zu entwickeln oder nach Alternativen zu suchen. Würde es etwas bringen, jetzt mit dem Training zu beginnen, um die Chance zu haben, im nächsten Jahr in die Mannschaft aufgenommen zu werden? Wenn ja, sprechen Sie mit dem Trainer über ein Trainingsprogramm. Wenn nein, suchen Sie nach anderen Sportarten oder Hobbys, an denen Ihr Sohn Freude haben könnte.

Kinder entwickeln sich am besten in einer Umgebung, die ihnen Gelegenheit bietet, sich ab und zu die Knie aufzuschlagen und auf kindliche Art Kummer zu erleben. Kleinere Verletzungen und Schürfwunden tragen dazu bei, dass sie später ihren Hals aus der Schlinge ziehen können und ihnen nicht ständig das Herz gebrochen wird. Überbesorgte Eltern wollen ihren Kindern diese Erfahrungen ersparen. Der dreijährige Michael beispielsweise fing, wenn er stolperte und fiel oder ein anderes Kind ihn neckte oder er etwas nicht haben durfte, markerschütternd zu brüllen an und hörte nicht wieder auf, bis seine Mutter ihn tröstete. Mutter und Sohn spulten folgendes Ritual ab: „Du armes, kleines Ding, lass Mami das in Ordnung bringen und wieder gutmachen." Erst wenn die Mutter ihn in den Arm nahm, ihn mit Küssen, einem Glas Saft, einem Keks und dem Versprechen verwöhnte, ein anderes Spielzeug für ihn zu finden, ließ Michaels Gejammer nach. Er hörte erst auf, wenn er die volle Dosis an Sympathie und Versprechungen aus seiner Mutter herausgeholt hatte.

Kindern die Konsequenzen ihres Tuns zu ersparen ist keine Liebe. Wenn Michaels Mutter ihn weiterhin vor allem schützt, wird er später vom Leben dasselbe erwarten. Kinder brauchen Liebe und echte Fürsorge, um Unbehagen, Erschütterungen oder Kummer ertragen und die Herausforderungen des Lebens meistern zu können; es nützt ihnen nichts, wenn sie verweichlicht werden. Muss ein Kind körperliche Schmerzen ertragen, besteht echte Fürsorglichkeit darin, dass man sich seiner ruhig annimmt. Ein Beispiel: Ihre fünfjährige Tochter schürft sich den Ellbogen auf und blutet. Beim Anblick des Blutes schluchzt sie auf. Sie wissen nicht, ob sie Schmerzen oder nur Angst hat. Ruhig sagen Sie: „Lass uns zuerst einmal ein Pflaster holen", und führen sie zum Arzneischränkchen. Wenn Sie Ruhe bewahren, ist ihr Kind sicher, dass es keinen Grund zur Panik gibt. Dann können Sie die Situation einschätzen und die entsprechenden Maßnahmen ergreifen. Kinder schlagen sich ständig die Knie auf, holen sich Schürfwunden an den Armen und Beulen am Kopf. Sie fallen vom Rad, stolpern über Spielsachen und stoßen sich die Zehen an. Wenn Sie liebevoll mit Ihrem Kind umgehen und eine Herzensbindung zwischen Ihnen beiden besteht, lässt eine Portion Humor kleine Wunden oft schnell heilen. Fällt Ihr Vierjähriger von seinem Roller und beginnt zu weinen, können Sie sagen: „Oh Schreck, hat der Gehweg sich wehgetan?" So lenken Sie die Aufmerksamkeit des Kindes auf das Trottoir, und es sorgt sich darum, nicht um sich. Dann können Sie gemeinsam kichern und lachen. Manchmal brauchen Kinder, die sich verletzt haben, einen sanfteren, weicheren Impuls. Wenn Sie jedoch sagen: „O Schreck, mein Baby hat sich verletzt", reagiert das Kind mit einer Kopffrequenz: „Ich armer Wurm." Überbesorgtheit stimuliert Selbstmitleid. Als Eltern sollten Sie sich fürsorglich verhalten, wenn es Unannehmlichkeiten gibt. Ihr Kind lernt dadurch, es Ihnen gleichzutun.

Ein gebrochenes Herz ist eine traumatische Erfahrung. Kummer entsteht, wenn Erwartungen enttäuscht werden, auf die man sich emotional fixiert hatte. Der Kopf käut den Kummer unaufhörlich wieder. Auch dazu ein Beispiel: Die Freundinnen Ihrer achtjährigen Tochter sind zu einer Geburtstagsfeier eingeladen, Ihre Tochter aber nicht. Sie versteht nicht, warum, und ist tief verletzt. Was tun? Ermuntern Sie Ihre Tochter zu einem Gespräch, vielleicht ergeben sich daraus einige Anhaltspunkte. Wie immer, wenn es um verletzte Gefühle geht, horchen Sie Ihr Kind aus, bleiben aber selbst ruhig. Reagieren Sie nicht mit selbstgerechter Empörung: „Was ist nur los mit der Mutter dieses Kindes? Weiß sie denn nicht, dass du eine Freundin ihrer Tochter bist?" Ermutigen Sie Ihre Tochter auch nicht zu Selbstmitleid: „Ach, du armes Schätzchen, das tut mir so Leid für dich." Wenn Kinder lernen, dass das Leben Enttäuschungen mit sich bringt und dann weder Selbstmitleid noch Schuldzuweisungen weiterhelfen, suchen sie nach anderen Lösungsmöglichkeiten. Lässt der Kummer nicht nach, rufen Sie nach dem Geburtstag die Mutter der Freundin an, um ihr die Lage zu schildern. Versuchen Sie von einem neutralen Standpunkt aus die Fakten zu klären. Vielleicht ist in der Wohnung nur Platz für wenige Kinder. Vielleicht weiß die Mutter nicht, wie eng befreundet die Mädchen sind. Oder vielleicht haben sie gestritten. Je mehr Sie herausfinden, desto besser können Sie den Vorfall erklären und desto leichter kann Ihr Kind den Schmerz überwinden.

Kummer entsteht, wenn etwas verloren geht, das einem sehr viel bedeutet, und in Krisen, wenn ein Kind z. B. fragt: „Warum haben meine Eltern sich scheiden lassen?" oder „Warum spielen die anderen Kinder nicht mit mir?" Wenn ihnen das Herz wehtut, fragen sie, warum. Kommt diese Frage aus dem Kopf, hält das Herzeleid an, denn der Kopf versucht eine Antwort zu finden, indem er das Geschehen und die damit verbundenen Gefühle von Wut und Schmerz immer wieder durchspielt. Fragt das Herz nach dem Warum, wird die Intuition selbst in tragischen Situationen schließlich zu Antworten und Lösungen führen. Genau darum geht es bei der Herzintelligenz.

Wenn sich die Eltern aufregen, neigen auch die Kinder zu Überbesorgtheit, bis sie echte Fürsorglichkeit von einem erwachsenen Vorbild lernen. Wenn Sie außer sich geraten, weil Ihr Kind etwas angestellt hat, schieben Sie die Schuld für Ihren Schmerz oder Ihre Wut nicht auf das Kind. Sind Sie z. B. wütend, weil Ihr Sohn zu spät zum Essen kam, ohne vorher anzurufen, um Bescheid zu sagen, dann platzen Sie nicht heraus mit: „Ich habe dir schon tausendmal gesagt, dass du anrufen sollst, wenn du später kommst. Du machst mich so wütend!" Sagen Sie ihm, wie Sie sein Verhalten empfinden, aber nehmen Sie die Verantwortung für Ihre Gefühle auf sich. Machen Sie die FREEZE-FRAME-Übung, und fragen Sie Ihre Herzintelligenz um Rat. Sie könnten etwa sagen: „Wir haben abgemacht, dass du zum Abendessen nach Hause kommst. Ich wusste nicht, wo du warst, und war wütend, dass du nicht angerufen hast." Eltern müssen sich klarmachen, dass man Gefühle ausdrücken sollte, um Probleme zu benennen und die Verantwortung für die eigene Reaktion zu übernehmen. Es ist in Ordnung, wenn Kinder ihre Eltern auch einmal aufgebracht erleben, nur dürfen sie nicht dafür verantwortlich gemacht werden. Für Ihre Gefühle sind Sie verantwortlich, nicht Ihr Kind. Wenn Eltern ihre Kinder gedemütigt oder ihnen die Schuld für ihre Wut zugeschoben haben, ist das Beste, was sie tun können, sich zu entschuldigen. Haben Sie Ihr Kind wütend angebrüllt oder gar geschlagen, sagen Sie: „Es tut mir Leid." Und erklären Sie ihm von Herzen, warum Sie so außer sich waren. Sagen Sie: „Du hast dich nicht an die Regeln gehalten, deshalb bekommst zu zwei Tage Hausarrest. Es tut mir Leid, dass ich dich geschlagen habe, aber ich hatte einen schweren Tag im Büro, und als du dann nicht anriefst, wurde ich wütend." Bitten Sie nicht um Verzeihung, nur weil Sie die Liebe oder Zustimmung Ihres Kindes nötig haben. Sagen Sie einfach die Wahrheit, und entschuldigen Sie sich. Für gewöhnlich tun Eltern das nicht. Stehen sie ständig unter Stress, ist es schwer für ein Kind, diesen Stress an sich ablaufen zu lassen. Eine aufrichtige

Entschuldigung baut Ihren Stress ab und den Ihres Kindes auch.
Sie zeigt Ihrem Kind, dass Sie es lieben, aber auch zu sich selbst
stehen, und die Kommunikation wird sich verbessern. Tatsächlich
vergeben Kinder sehr schnell. Und sie vergeben aufrichtig.

Echte Fürsorglichkeit für Sie selbst und für Ihr Kind

Gute Erziehung zeichnet sich dadurch aus, dass man Kindern Be-
ständigkeit vermittelt und ihnen Verständnis entgegenbringt. Als
Allererstes müssen Sie sich bewusst machen, dass Sie Ihr Kind lieben und sein Bestes wollen. Das erlaubt Ihnen, Ihrem inneren
Wertesystem entsprechend zu handeln, und bringt Sie in Kontakt
mit Ihrem Herzen. Liebe ist eine starke Kraft. Wenn Sie einen anderen Menschen lieben und das Beste für ihn wollen, beginnen Ihrer beider Herzen harmonisch aufeinander einzuschwingen. Geschieht dies zwischen Ihnen und Ihrem Kind, hilft das, Kommunikationslücken zu vermeiden oder zu schließen. Die HEART-LOCK-
IN-Übung trägt dazu bei, sich wieder auf das Gefühl der Liebe
und Verbundenheit zu besinnen.

Dann wenden Sie die FREEZE-FRAME-Technik an. Sie hilft Ihnen,
sich von Urteilen, Frustrationen, Beklemmungen, negativen Einstellungen oder Reaktionsmustern freizumachen. Beobachten Sie,
was sich in problematischen Situationen ereignet. Lernen Sie, Ihre
Herzintelligenz zu fragen: „Warum benimmt das Kind sich so?"
Fragen Sie sich: „Wie reagiere ich für gewöhnlich in einem solchen
Fall?" Während der FREEZE-FRAME-Übung bitten Sie Ihre Herzintelligenz, Ihnen die Gefühle Ihres Kindes verständlich zu machen.
Hören Sie gut zu, was Ihr Herz Ihnen rät. Schreiben Sie es auf,
und überprüfen Sie, ob es hilft. Folgen Sie der Intelligenz Ihres
Herzens.

Machen Sie die FREEZE-FRAME-Übung zum Abbau von Überbesorgtheit, und finden Sie zur echten Fürsorglichkeit zurück. Wenn
Sie statt überbesorgt wirklich fürsorglich sein können, verändern
sich Ihre Gefühle und Sie finden zu einem neuen Standpunkt, von

dem aus Sie liebevolle und intelligente Entscheidungen treffen können. Sie werden verstehen, dass echte Fürsorglichkeit eine starke Kraft ist, eine Energie, die das Hormonsystem revitalisiert und aktiviert, ein Gefühl von Erfüllung erzeugt und Sie Ihr Leben mit Herzenswärme leben lässt. Wenn Sie diese Techniken anwenden und Ihren Kindern beibringen, werden Sie sowohl diese als auch sich selbst mit neuen Augen sehen. In schweren Zeiten besinnen Menschen sich ganz von selbst auf ihr Herz, um Sicherheit und Stärke tief in ihrem Innern zu suchen. Das Herz ist der „Speicher" für Vernunft und Stärke. Aufgrund der Stresskonditionierung, die wir übernommen haben, ist es schwer, klare intuitive Problemlösungen zu finden, es sei denn, Sie wissen, wie Sie Ihre Überbesorgtheit ablegen können, und kennen die erforderlichen Techniken.

Eltern tragen heute eine schwere Last – das Leben ist einfach schneller geworden. Es kann sein, dass ihre kindliche Unbefangenheit und die ihrer Kinder durch Überbesorgtheit und Angstkonditionierung überdeckt oder verdrängt wurde. Angst kann so tief sitzen und durch gesellschaftliche Einflüsse so konsequent verstärkt werden, dass der Geist sich verirrt. Ich habe Mitgefühl für alle, denen es so geht, doch es muss nicht so sein. Sie und Ihre Familie können selbst entscheiden, ob Sie die Welt aus einem harmonischeren, hoffnungsfroheren Blickwinkel sehen und Mittel und Wege finden wollen, die Mauern von Überbesorgtheit und Stress zu durchbrechen. Wenn Sie sich an Ihren Kindern freuen, ob Sie ihnen nun das Radfahren beibringen oder von Herz zu Herz mit ihnen sprechen, dann ist Elternschaft wirklich bereichernd für Sie. Die richtigen Antworten auf die Herausforderungen des Lebens zu finden macht warmherzig. Und ein warmes Herz gibt dem Leben einen Sinn.

Kapitel 7

Gute Verständigung

Die gesellschaftlichen Werte erfahren einen Paradigmenwechsel. Wie schon gesagt, ist ein Paradigma die Grundlage für unsere Weltanschauung. Auf dieser grundlegenden Anschauung basieren unsere Entscheidungen und unsere Reaktionen auf die Umwelt. „Wer bin ich?", „Wohin führt mein Weg?", „Was glaube ich?" werden die entscheidenden Fragen bei der Selbstreflexion und Diskussion über die Nachwirkungen und Folgen dieses Wandels sein.

Ein Jugendlicher beantwortete diese Fragen aus der Kopfperspektive folgendermaßen:

„Wer bin ich?"

„Ich bin Mark. Ich bin 14 Jahre alt, und ich bin Tennisspieler."

„Wohin führt mein Weg?"

„Ich werde den Schulabschluss machen, vielleicht die Universität besuchen, dann eine Arbeit finden und Geld verdienen."

„Was glaube ich?"

„Ich glaube, dass Schusswaffen verboten gehören. Es werden zu viele Verbrechen begangen."

Antworten aus der Herzperspektive lägen auf einer ganz anderen Ebene. So z.B. antwortete Christian, ein dreizehnjähriger Junge, der die HEARTMATH – HERZINTELLIGENZ-Techniken anwendet:

„Wer bin ich?"

„Ich bin einfach ein Mensch. Ich bin ich selbst. Ich habe ziemliches Glück, weil ich im Vergleich zu anderen ein recht einfaches Leben habe."

„Wohin führt mein Weg?"

„Aufwärts! Für mich ist das Leben wie ein Baum. Ich bin eine große schwarze Ameise, die den Baum hochkriecht. Man kommt an eine Astgabel, und das Leben stellt einen vor eine Entscheidung. Man kann weiterhin den Stamm hochkriechen oder auf einen Ast klettern. Es gibt viele Äste. Der Stamm ist das Herz des Baumes. Der Teil, in dem der Saft fließt. Manche Menschen klettern auf die Äste hinaus und geraten in Schwierigkeiten. Die Äste brechen, und es erwischt einen. Dann kann man entscheiden, ob man die Wahrheit sagen und zum Herzen des Baumes zurückkehren will. Aber man kann auch lügen und stürzen und dann wieder ganz von vorn anfangen. Man muss aufpassen."

„Was glaube ich?"

„Ich glaube, dass das Leben wie ein Nintendo-Spiel ist. Man lernt, das Spiel auf jedem Niveau zu spielen. Jeder Mensch ist ein Individuum. Vielleicht hält man sich für ganz anders als andere. Ich sehe, dass alle ihre eigenen Vorstellungen haben. Aber im Grunde genommen sind wir alle gleich."

Die Verbindung von Herz und Kopf fördert die Intelligenz und erzeugt jenes echte Verständnis, das nötig ist, um die Gesellschaft wieder aufzubauen. Wie schon gesagt, lernen Kinder heutzutage nicht, wie sie ihren Kopf unter Kontrolle bringen und die Qualitäten ihres Herzens entwickeln können. In der Schule lehrt man sie, den Kopf zum analytischen Denken zu gebrauchen, aber nicht, ihn zu beruhigen oder seine Aktivitäten mit Hilfe der Herzintelligenz auszubalancieren. Folglich betrachten Kinder das Leben genau wie die Gesellschaft, in der sie leben, aus der unsicheren Kopfperspektive und kommunizieren demgemäß. Machen sich

Kopf und Herz gemeinsam an eine Aufgabe, entwickeln Kinder
Weisheit, Kraft und Integrität, die ihre Entscheidungen und ihre
Kommunikation prägen.

Kinder und Disziplin

Disziplin ist wesentlich für die Entwicklung von Weisheit und Integrität. Disziplin ist gelebte Liebe. Deshalb werden Sie Ihr Kind,
wenn Sie es wirklich lieben und Ihnen an seinem Wohlergehen etwas liegt, zur Disziplin anhalten. Im Leben gibt es Naturgesetze
und Gesetze, die von Menschen gemacht sind, die so genannten
Verhaltensmaßregeln. Dieses Kapitel plädiert für Disziplin aus einer konstruktiven, stabilen und erwachsenen Perspektive. Kinder
gedeihen, wenn sie feste Verhaltensmaßregeln und einen geregelten
Tagesablauf haben. Diese bilden ein gutes Fundament. Das Wort
Disziplin geht auf lateinisch „discipere": „(geistig) zergliedern, um
zu erfassen" zurück. Darunter ist eine Art Selbstzucht zu verstehen, die Selbstkontrolle, Ordnung und Effizienz fördert. Man
könnte auch sagen, dass Disziplinierung eine Erziehungsmaß-
nahme ist, die man sich selbst oder anderen angedeihen lässt, um
in der Welt zurechtzukommen. Eltern müssen Ihre Kinder dazu
ermuntern, sich aus Einsicht, nicht aus Furcht an Regeln zu halten. Mit dem Herzen können Kinder eine vernünftige Regel oder
Verhaltensrichtlinie immer verstehen, auch wenn sie ihnen vielleicht nicht gefällt. Das eigentliche Ziel der Disziplinierung ist
Selbstdisziplinierung.

Es ist essentiell für die Vermittlung von Disziplin, dass Eltern in
Denken und Fühlen beständig sind. Die Herzintelligenz hilft Ihnen, in Bezug auf Richtlinien, allgemeine Verhaltensmaßregeln
und deren Konsequenzen eindeutige Entscheidungen zu treffen.
Führen Sie mit Ihrem Kind darüber ein ruhiges Gespräch. Die
meisten Disziplinierungsmaßnahmen sind von Erfolg gekrönt,
wenn Eltern die Regeln ruhig und vernünftig vermitteln.

Setzen Sie sich mit Ihrem Kind zu einer Strategiebesprechung zusammen. Legen Sie Verhaltensmaßregeln, Grenzen und Begründungen dafür offen. Fragen Sie Ihr Kind dann, ob es verstanden hat. Lassen Sie es alle Regeln wiederholen und dann begründen, warum sie notwendig sind. Fragen Sie es, was es davon hält. Hören Sie ihm mit dem Herzen zu. Wenn es mit einer Regel nicht einverstanden ist oder sie nicht versteht, dann erklären Sie geduldig und ausführlicher als zuvor, warum sie notwendig ist. Erläutern Sie, warum die Regel zu seinem Besten ist oder zu seinem Schutz dient. Wenn Sie Ihrem Sohn z. B. vorschreiben, jeden Abend um acht Uhr im Bett zu sein, dann sagen Sie ihm, dass ein Kind mehr Schlaf braucht als ein Erwachsener, um nicht launisch zu werden, sich in der Schule konzentrieren zu können usw.

Je mehr Sie sich auf Ihr Herz besinnen, desto klarer können Sie Regeln definieren und Konsequenzen aufzeigen. Teilen Sie neue Erkenntnisse ihrem Kind mit. Viele Eltern nehmen an, ihre Kinder verstünden die in der Familie gültigen Regeln. Das trifft nicht immer zu. Kinder wissen nicht, was die Eltern wollen, wenn sie angeschrien werden, die Regeln nicht eindeutig erklärt bekommen oder sie nicht verstehen. Sind Sie sicher, dass Ihr Kind die Regeln genau verstanden hat, erinnern Sie es sachlich daran, wenn es sie vergisst – aber nicht zu oft, Sie wollen ja nicht nörgeln. Deshalb lassen Sie vor dem nächsten Hinweis eine ausreichende Spanne Zeit verstreichen, etwa eine Woche. Durchsetzen müssen Sie sich jedoch. Ihre Intuition zeigt Ihnen, wie Ihnen dies auf spielerische Weise gelingt.

Viele Eltern versuchen ihren Kindern schnell mal zwischendurch Disziplin beizubringen. Da ihr Leben temporeich verläuft, müssen Sie oft zwei oder drei Dinge gleichzeitig erledigen. Viele Eltern fühlen sich ständig unter Zeitdruck, ob sie ihre Kinder nun rechtzeitig in die Schule, zum Zahnarzt, zur Klavierstunde, zu den Pfadfinderinnen usw. bringen müssen. Eine Mutter namens Sharon erzählte, am meistens mache ihr zu schaffen, in welchem Schneckentempo sich ihre Kinder bewegten. Ständig müsse sie sie antreiben, ständig schreien, damit sie ihre Mäntel anzögen und ins

Auto stiegen, um nicht zu spät zu kommen. Hetzen, Schreien, Nörgeln und Drohen – das war ihre Art zu leben. Irgendwann erkannte sie, dass diese Methode vollkommen ineffektiv war und zu Erschöpfung führte.

Wie Eltern ihre Kinder einschätzen

Um Kinder richtig einschätzen und angemessen mit ihnen umgehen zu können, braucht man die Fähigkeit, zu kommunizieren und ihre ständig wechselnden Gefühle – Frustration, Wut, Aufregung, Liebe – richtig zu interpretieren. Jedes Kind hat einen anderen Charakter und macht verschiedene emotionale Phasen durch. Wenn Sie drei Kinder unterschiedlichen Alters haben, dann kann das eine launisch sein, das andere überschwänglich und das dritte eigensinnig. Ständig bekommen Sie neue Informationen von ihnen und vergleichen diese mit bereits vorhandenen. Dann stellt sich die Frage, wie damit umgehen. Worauf beruht Ihre Einschätzung: auf Ansichten und Vorstellungen der Kopfperspektive oder auf der Intelligenz Ihres Herzens? Wenn Sie einen Wesenszug oder ein Charaktermerkmal an Ihrem Kind entdecken, der oder das Ihnen nicht gefällt, urteilen Sie nicht über es, sondern lieben Sie es einfach, um intuitives Verständnis für es zu erlangen. Versuchen Sie, mit den Augen Ihres Kindes zu sehen. Machen Sie die FREEZE-FRAME-Übung, schicken Sie ihm Liebe, und fragen Sie sich: „Was nimmt mein Kind wahr?" Dann hören Sie auf Ihr Herz. Liebe gibt den Kindern den Spielraum, so zu sein, wie sie sind. Kinder entwickeln sich, und das Leben ist stets im Fluss. Urteile engen den Blickwinkel der Eltern ein und verhindern, dass sie eine höhere Verständnisebene erreichen.

Hyperaktive Kinder können besonders anstrengend sein. Um ihnen mit ausgewogener Fürsorglichkeit zu begegnen, brauchen Sie viel Mitgefühl und Selbstachtung. Einmal arbeitete ich mit einem hyperaktiven Kind, das alles, was seine Aufmerksamkeit auf sich zog, anfassen und untersuchen wollte. Da es Dinge schnell wieder zugunsten von anderen aus der Hand legte, lief es Gefahr,

zerbrechliche Gegenstände kaputt zu machen. Einem solchen
Kind können Sie hundertmal sagen: „Fass das nicht an", es ist, als
höre es Sie gar nicht. Daher kann es leicht geschehen, dass Eltern
das Gefühl haben, Ihr Kind beachte sie absichtlich nicht.

Man sagt, hyperaktive Kinder litten unter dem Aufmerksam-
keitsdefizit-Syndrom (ADS). Heutzutage wird ADS bei immer
mehr Kindern diagnostiziert. An den Schulen ist das ein riesiges
Problem. Wer fühlte sich nicht herausgefordert von Kindern, die
ständig herumhampeln, sich nicht einmal für kurze Zeit auf eine
Sache konzentrieren können, dauernd den Unterricht und die Familie stören und oft laut sind? Immer mehr Kinder, bei denen
ADS diagnostiziert wird, werden mit Medikamenten behandelt,
die sehr starke Nebenwirkungen haben. Es ist wichtig, sich klarzumachen, dass ein hyperaktives Kind leicht überreizt wird. In
unserer Zeit der Reizüberflutung müssen Eltern und Lehrer dem
Kind zeigen können, wie man zu seinem inneren Gleichgewicht
findet. HEARTMATH – HERZINTELLIGENZ ist zwar kein Allheilmit-
tel, hat aber schon vielen hyperaktiven Kindern geholfen, sich besser unter Kontrolle zu bekommen, und vielen Eltern ein besseres
Verständnis davon vermittelt, wie die Welt ihrer Kinder aussieht.

Sehr introvertierte, schüchterne Kinder sind innerlich in Wirklichkeit hyperaktiv. Auch sie reagieren empfindlich auf Reizüberflutung: Sie ziehen sich in sich selbst zurück und lassen äußere
Reize nicht mehr an sich heran. Wenn Eltern diese Überempfindlichkeit nicht verstehen, kann ein introvertiertes Kind schwierig
werden. Es mag für Außenstehende nicht viel Neugier entwickeln
oder ausdrücken. Enttäuschte Eltern, die sich sehr darum bemühen, alles richtig zu machen, nehmen oft nicht wahr, dass das einfach ein Charakterzug ist. Ihrer Ansicht nach verhält sich ihr introvertiertes Kind absichtlich seltsam und störrisch. Die Botschaf-
ten, die es aussendet, sind uneindeutig; es scheint keinen Grund
für sein Verhalten zu geben. Also suchen die Eltern nach Gründen, um zu verstehen, was los ist. Sie haben das Gefühl, das Kind
wolle sich von ihnen absondern und ihnen Schwierigkeiten ma-

chen. Infolgedessen fühlen sie sich erschöpft und unfähig und sehen sich als Opfer der Situation.

Um die einzigartigen Charakterzüge und Bedürfnisse eines Kindes einschätzen und intuitiv verstehen zu können, muss man auf dessen Herz hören. Darum möchte ich alle Eltern bitten. Hören Sie auf das Herz Ihres Kindes, sehen Sie nicht nur die Fakten. Wenn Sie wissen, was Ihr Kind auf dem Herzen hat, welche Gefühle sich hinter einem Problem verbergen, dann können Sie das Problem tatsächlich lösen. Sie werden die Sichtweise Ihres Kindes verstehen und sich selbst klar ausdrücken können. Ganz von selbst wird Disziplin ins Familienleben einfließen. Damit sie auch greift, ist es wichtig, dass Sie die Verhaltensmaßregeln klarstellen, sich versichern, dass Ihr Kind sie auch verstanden hat, und dann konsequent durchsetzen, ohne zu schreien, zu nörgeln oder zu drohen. Wenn die Konsequenzen klar sind und Disziplin nicht auf Drohungen und Angst basiert, verstehen Kinder ihren Sinn sehr wohl. Auf Dauer spart man dadurch eine Menge Zeit und Energie und ist weniger stressgefährdet – das sei denen gesagt, die glauben, sie hätten keine Zeit, um ein ruhiges Gespräch zu führen und die Konsequenzen daraus zu ziehen.

Erziehung mit Herzintelligenz – durch offene Gespräche und aufmerksames Zuhören

Kinder müssen das Gefühl haben, dass ihre Eltern sie verstehen wollen. Das stärkt die Herzenergie. Aufrichtigkeit öffnet das Herz und macht es empfänglich für Mitteilungen. Die Voraussetzung für eine Kommunikation in diesem Sinne ist genaues Zuhören mit dem Herzen. Dann lassen Sie Ihr Herz sprechen. Seien Sie dabei ganz aufrichtig. Aufmerksam zuhören heißt vor allem, das Wesentliche, den Sinn hinter den Worten, zu erfassen. Die meisten von uns kennen das Gefühl, bei Unterhaltungen gar nicht gehört zu werden. Mag sein, dass zwar die Worte verstanden wurden, nicht aber das Gefühl oder das, was der Betreffende eigentlich zum Ausdruck bringen wollte. Die Fähigkeit zuzuhören geht ein-

her mit Respekt und liebevoller Zuwendung. Wenn von Seiten Ihres Kindes lauter negative Emotionen auf Sie einprasseln, tun Sie
nichts weiter, als aufmerksam zuzuhören. Versuchen Sie nicht nur
nach Fakten zu stöbern. Werden die Gefühle stürmisch, schicken
Sie Ihrem Kind Liebe, bis der Sturm sich legt. Wenn Sie es mit
Urteilen traktieren, würgen Sie die Kommunikation ab. Haben
Kinder den Mut, sich so zu geben, wie sie wirklich sind, zeigen
sie ihre Verletzlichkeit sehr schnell. Wenn Sie wirklich von Herzen
zuhören, spürt Ihr Kind Ihre Liebe, und das erleichtert ihm den
Zugang zur Intuition. Existiert ein intuitives Band, reduzieren sich
die Missverständnisse zwischen Eltern und Kind.

Die Voraussetzungen intuitiven Zuhörens

Möchte man die Kunst des intuitiven Zuhörens erlernen, gilt es,
drei wesentliche Kommunikationsebenen zu beachten:

1. die Wortebene – das tatsächlich Gesagte

2. die Gefühlsebene – die Gefühle oder Frequenzen, die dem Gesagten zugrunde liegen

3. die Sinnebene – die wahre Bedeutung

Wie man intuitives Zuhören anwendet

Machen Sie sich vor dem Gespräch schon klar, was Sie Ihrem
Kind sagen wollen. Wie erwähnt: In erster Linie geht es darum,
das Kind zu lieben. Praktizieren Sie FREEZE-FRAME, um zu einer
fundierteren, intuitiven Sichtweise zu gelangen, übertriebene Sorge
wieder in liebevolle Fürsorglichkeit zu verwandeln. Planen Sie das
Gespräch sachlich, aber mit Liebe im Herzen. Leiten Sie es wie
folgt ein, natürlich abgestimmt auf Ihre Situation. Die vierjährige
Cindy wollte nicht baden. Sie in die Badewanne zu bringen war

Schritt für Schritt intuitiv zuhören lernen

1. Schritt: Hören Sie auf Ihr Herz, und bitten Sie Ihre Herzintelligenz um Hilfe. Wenden Sie FREEZE-FRAME an, um Ihre Aufmerksamkeit weg von den Gedanken ruhig auf Ihr Herz zu lenken.

2. Schritt: Hören Sie auf das, was das Herz Ihres Gesprächspartners Ihnen mitteilt. Wenn er zu sprechen beginnt, richten Sie mit Hilfe von FREEZE-FRAME Ihre Aufmerksamkeit weg von Gedanken und Gefühlen; richten Sie sie stattdessen auf Ihr Herz. Dem zu lauschen, was das Herz des anderen sagt, erweitert Ihren Blickwinkel – Sie nehmen die Frequenzen, Gefühle oder die tiefere Bedeutung des Gesagten auf.

3. Schritt: Lassen Sie den anderen zu Ende sprechen; unterbrechen Sie nicht (Unterbrechen ist eine Kopfreaktion). Bleiben Sie in Ihrem Herzen verankert, solange der andere spricht. Wenn Ihnen Ihr Verstand währenddessen Antworten oder Argumente auftischt, bemühen Sie sich, sie zum Herzen zu lenken, und warten Sie, bis der andere geendet hat. Sind es wichtige Gedanken, werden Sie sie nicht vergessen. Es ist besser, jemanden ausreden zu lassen, als ihn mit einer Antwort zu unterbrechen. Es spart Energie.

4. Schritt: Sagen Sie Ihrem Gesprächspartner, dass Sie einen Moment Zeit brauchen, und warten Sie zehn bis 20 Sekunden mit der Antwort. Nutzen Sie diese Zeit, um auf den Rat Ihres Herzens zu hören. Sprechen Sie dann offen und wahrhaftig.

5. Schritt: Äußern Sie sich wahrhaftig, klar und von Herzen. Was Ihr Herz Ihnen eingibt, ist nicht allzu gefühlsbetont. Es ist sachlich, aber aufrichtig und fürsorglich. Die Wahrheit des Herzens ist klar und impliziert Mitgefühl.

immer ein Kampf. Nachdem sie sich die Fähigkeit, intuitiv zuzuhören, Schritt für Schritt angeeignet hatte, sagte ihre Mutter:

„Ich habe darüber nachgedacht, dass es jedes Mal ein Kampf ist,
wenn du ein Bad nehmen sollst. Die neue Regel heißt, dass das
nicht mehr erlaubt ist. Ich freue mich, wenn du draußen spielst.
Nachdem man gespielt hat, badet man. Bitte versuche nicht, mit
mir zu streiten, wenn ich sage, dass es Zeit für ein Bad ist. Wenn
du dich nicht unter Kontrolle hast, wirst du ohne Gutenachtge-
schichte zu Bett gehen müssen."

Der achtjährige Jason wollte sich vor den Aufgaben drücken,
die er im Haushalt zu erledigen hatte: täglich sein Bett zu machen,
seine schmutzigen Kleider in den Wäschekorb zu legen und nach
dem Abendessen den Küchenboden zu fegen. Seine Eltern hatten
versucht, ihn mit dem Versprechen, er bekäme neue Spielsachen,
zu bestechen, aber es hatte nicht funktioniert. Jason kam seinen
Pflichten zwei Tage lang nach, danach vergaß er sie, und schließlich verweigerte er sich. Sein Vater wandte die HEARTMATH –
HERZINTELLIGENZ-Techniken an und stellte dann eine neue Regel
auf:

„Ich habe darüber nachgedacht, wie es mit deinen Aufgaben so
ist. Es fällt mir auf, dass du vergisst, sie zu erledigen, und dich
verweigerst, wenn Mutter und ich dir Druck machen. Wir wollen
nicht mehr an dir herumnörgeln. Die neue Regel lautet: Wir werden einen Aufgabenzettel an deine Schlafzimmertür hängen, damit
du deine Pflichen nicht vergisst. Wenn du sie nicht jeden Tag er-
ledigst, darfst du drei Tage lang keine Videospiele machen."

Versichern Sie sich, dass Ihr Kind Sie gehört und verstanden
hat. Ermutigen Sie es, sein Bestes zu tun. Wenn es die ersten Erfolge erzielt, ist es wichtig, seine Bemühungen anzuerkennen. Natürlich brauchen Sie nicht jeden kleinen Fortschritt in den höchsten Tönen zu loben. Wird Jason jedes Mal gelobt, wenn er den
Küchenboden gekehrt hat, fühlt er sich herabgesetzt. Übertriebenes Lob und zu viel Aufmerksamkeit verwirren ein Kind. Lassen
Sie es wissen, dass Sie von ihm gutes Benehmen erwarten – und

dass Sie seine Anstrengungen registriert haben und zu schätzen wissen. Eltern sollten mit Herz und Seele bei ihrer Aufgabe sein.

Sichtweisen, Handlungsweisen und Konsequenzen

Wie gesagt, sind Eltern heutzutage deshalb zunehmend gestresst, weil sie die Ansichten und Gefühle ihrer Kinder nicht verstehen. Zur eigenen Stärke zu finden bedeutet, die Fähigkeit zu entwikkeln, sich für eine angemessene Reaktion auf ein Gefühl zu entscheiden, indem man sich auf sein Herz besinnt. Als Erstes gilt es anzuerkennen, dass Sichtweisen und Gefühle an sich keine Handlungen auslösen. Handlungen resultieren aus Entscheidungen, die der Verstand trifft. Er legt die Reaktion auf eine Sichtweise oder ein Gefühl fest. Wenn man sich aber auf das Herz besinnt, sieht und fühlt man die Dinge anders. Entsprechend anders handelt man auch. Entscheidungen, die vom Verstand getroffen werden, basieren auf den Daten, die der Kopf zur Verfügung hat. Diese Entscheidungen fallen sehr schnell. Deshalb sind die FREEZE-FRAME-Technik und intuitives Zuhören so wichtig. Dadurch verlangsamen sich Entscheidungsprozesse. Man begreift, was vor sich geht und hat die Möglichkeit, mit Hilfe der Herzintelligenz einen Entschluss zu treffen. Die Geschichte von Keith auf Seite 57 ist ein gutes Beispiel dafür, wie Kinder, die die FREEZE-FRAME-Technik anwenden, zu beobachten lernen, wie Prozesse in ihrem Innern ablaufen und welcher Zusammenhang zwischen Sichtweise und Handeln besteht. Kinder und Erwachsene können leichter zu ihrer Stärke finden, wenn ihnen klar ist, wie die Perspektive mit dem Handeln und dieses mit den Konsequenzen zusammenhängt.

Ich möchte das am Beispiel eines Familienstreits veranschaulichen. Der zehnjährige Craig trat seine siebenjährige Schwester Cathy. Sie schrie: „Lass das!" und schlug ihn ihrerseits. Der Vater brüllte: „Hört auf, ihr beiden!" „Er hat mich zuerst geschlagen", protestierte Cathy. Der Vater schrie: „Das ist mir egal. Seid still! In diesem Haus wird nicht gestritten! Geht auf eure Zimmer, wenn ihr euch nicht beherrschen könnt!" Das alles dauerte keine

30 Sekunden. Eltern, die ihre Kinder anbrüllen, lehren sie, ihre
Wahrnehmungen für sich zu behalten. Wenn sie dagegen die Augen für das öffnen, was ihre Kinder erleben, können sie einen kon-
struktiveren Ton anschlagen. Bringen Sie Ihren Kindern bei, sich
über die eigene Sichtweise klar zu werden. So lernen diese auszudrücken, was sie sehen und fühlen. Dann geben Sie ein Feedback
und stecken den Rahmen ab, innerhalb dessen Gefühle ausgedrückt werden dürfen.

Noch einmal zu unserem Beispiel. Nehmen wir an, der Vater
würde, statt beim Streit von Cathy und Craig alle Gefühle einfach
zu leugnen, Craig fragen, warum er Cathy denn getreten und wie
er sich dabei gefühlt habe. Craig würde murmeln: „Sie ging mir
auf den Wecker." Einige weitere Fragen würden die tieferen
Gründe dafür zutage bringen. Der Vater könnte fragen: „Was hat
sie denn gemacht?", und der Junge würde vielleicht antworten:
„Sie hat herumgezappelt." Dann würde sich Cathy zu Wort mel-
den: „Stimmt gar nicht. Ich habe gar nichts gemacht!" Und Craig:
„Und ob du etwas gemacht hast." Der Vater würde sich einmi-
schen: „Jetzt ist Craig dran. Bitte lass ihn zu Ende sprechen."
Und an Craig gewandt: „Warum stört es dich, wenn sie herum-
zappelt?" „Ich konnte mich nicht auf mein Buch konzentrieren,
und das machte mich wütend", könnte Craig antworten. Der Vater würde sagen: „Es ist nicht erlaubt, seinen Gefühlen Luft zu
machen, indem man andere tritt. Wenn das noch einmal vor-
kommt, darfst du eine Woche lang nicht fernsehen. Fällt dir nichts
anderes ein?" Craigs Vorschlag: Er könnte Cathy darum bitten,
ruhiger zu sein, oder sich mit seinem Buch einfach in die andere
Ecke des Zimmers setzen. Der Vater würde Cathy fragen, warum
sie ständig herumzappele. Das wisse sie auch nicht, würde Cathy
antworten. Auf weitere Fragen hin würde sie erklären, ihr Mal-
buch langweile sie und sie wisse nicht, was mit sich anfangen. Der
Vater würde ihr erklären, dass sie Craig damit sehr störe. Sie würden besprechen, was Cathy das nächste Mal, wenn sie unruhig
wäre, tun könnte. Er würde ihr auch sagen, dass es nicht erlaubt

sei, zurückzuschlagen, wenn ein anderer einen trete, und dass sie dieselben Konsequenzen würde tragen müssen wie Craig.

Wenn ihnen der Zusammenhang zwischen Perspektive, Handeln und Konsequenzen klar ist, fällt es Kindern leichter, daran zu denken, dass sie innehalten und ihren Standpunkt mit dem Herzen überprüfen müssen, um sich für eine andere Verhaltensweise entscheiden zu können.

Dieser Kommunikationsprozess mag zwar etwas Zeit in Anspruch nehmen, doch auf die Dauer erspart er Zeit und Ärger. Eine bestimmte Wahrnehmung, Gefühle und Handeln folgen meist so schnell aufeinander, dass die Kinder oft in Schwierigkeiten geraten, ohne zu wissen, warum oder wie dem ein Ende setzen. Ein Vater mit Herzintelligenz hat daher die Aufgabe, den Kindern folgende Formel verständlich zu machen: Ich sehe, ich handle, ich erinnere mich. Wenn ich mich nach dem Kopf richte, sind die Konsequenzen andere, als wenn ich mich zuerst auf mein Herz besinne und die Situation überdenke. Ein Beispiel: „Ich habe gesehen, dass meine Schwester mich ablenkt, bin wütend geworden und habe sie getreten, deshalb darf ich jetzt nicht fernsehen." Aufgrund dieser Reaktion kann Craig sich, wenn seine Schwester ihn das nächste Mal stört und Wut in ihm aufsteigt, daran erinnern, was das letzte Mal geschah, und beschließen, anders zu handeln. Er kann sich auf sein Herz besinnen, nach Alternativen suchen und dabei Spaß haben. Etwa so: „Ich merke, dass meine Schwester mich ablenkt, und fange an zu schreien, stoppe mich dann aber. Da ich weiß, wohin das führt, mache ich schnell die FREEZE-FRAME-Übung und besinne mich auf mein Herz. Von diesem Blickwinkel aus sehe ich, dass meine Schwester sich langweilt. Sie belästigt mich nicht absichtlich, und so verpufft meine Wut. Ich kann sie bitten, ruhiger zu sein, oder mich in eine andere Zimmerecke setzen." Die FREEZE-FRAME-Technik erleichtert das Erinnern, mit ihrer Hilfe fällt es Kindern leichter, zu begreifen, dass es in ihrer Macht steht, sich anders als gewohnt zu entscheiden. Sie wissen, dass sie FREEZE-FRAME machen können, wenn sie schnell Hilfe brauchen. An diesem Beispiel wird auch deutlich, weshalb ich das

System HEARTMATH - HERZINTELLIGENZ („HerzMathe") genannt
habe: weil es psychologische Herzintelligenz-Gleichungen anbie-
tet, die mathematischen Gleichungen ähnlich sind.

Kinder können regelrechte Profis darin werden, mit Hilfe der
Herzintelligenz unter einer Reihe möglicher Entscheidungen die
richtige herauszufiltern. Die Anwendung der HEARTMATH -
HERZINTELLIGENZ-Techniken befähigt sie, schnell zu erkennen, ob
ihre Sichtweise, ihre Gefühle und ihr Handeln vom Kopf oder
vom Herzen gesteuert werden. Das macht sie stark. Dabei geht es
insbesondere darum, Kindern verstehen zu helfen, dass sie entscheiden können, wie sie mit ihren Gefühlen und Wahrnehmungen
umgehen.

Kinder brauchen eine Struktur

Kinder brauchen einen Ordnungsrahmen, in dem sie agieren können, die Struktur familiärer Beziehungen und Regeln. Die Struktur
ist der Rahmen, in dem Ereignisse sich abspielen und der die all-
tägliche Ordnung aufrechterhält. Ein Kind, das seine Mahlzeiten
beispielsweise nicht zu festen Zeiten einnehmen muss und sich aus
dem Kühlschrank holen darf, was immer es mag, entwickelt
schnell schlechte Essgewohnheiten. Schaffen Sie einen Ordnungsrahmen, der nicht bei jeder emotionalen Erschütterung des Kindes
ins Wanken gerät. Wenn Sie festgelegt haben, dass zuerst das Ge-
müse und erst danach der Nachtisch gegessen wird, aber sofort
nachgeben, wenn Ihr Kind zu schreien beginnt, zerstören Sie den
Ordnungsrahmen. Das verwirrt. Kinder brauchen einen stabilen
Ordnungsrahmen. Es ist wichtig, den Tagesablauf zu strukturieren,
d. h. festzulegen, wann Mahlzeiten eingenommen werden, wann es
Zeit ist, ins Bett zu gehen, wann Zeit zum Spielen, wann Zeit zum
Baden ist. Von Zeit zu Zeit können Sie den Ordnungsrahmen
überprüfen und den sich verändernden Bedürfnissen des Heranwachsenden anpassen.

Sind Grenzen und Verhaltensmaßregeln notwendig? Ich betrachte sie als unabdingbar. Schon allein die Tatsache, dass Menschen in Gruppen wie z. B. Familien leben, macht Regeln erforderlich. Die Aufgabe der Familie besteht darin, das Kind auf die Gesellschaft vorzubereiten, eine größere Gruppe, in der es ganz eindeutige Regeln und Regulierungsmechanismen gibt. Regeln sind notwendig, um Sicherheit zu gewährleisten und Chaos zu verhindern und um sich der Gesamtgruppe gegenüber als fürsorglich zu erweisen. Gibt es keine festen Regeln, wie man sich im Klassenzimmer zu benehmen hat, ärgert das die Lehrer und die Kinder, die wirklich lernen wollen. Aus der Herzperspektive wird verständlich, dass Kinder, die sich niemals ruhig verhalten müssen, so viel Energie entwickeln, dass der Lehrer leicht die Kontrolle verliert. Das Lernen wird schwierig. Für das Familienleben, den Unterricht und die Geschäftswelt sind Regeln von Vorteil, die den Interessen der Allgemeinheit dienen. Was geschähe in einer Gesellschaft ohne Regeln? Es herrschte Chaos. Ohne Geschwindigkeitsbegrenzungen oder Stoppschilder würden noch mehr Autos zusammenstoßen. Ohne Gesetze, die dafür sorgen, dass Raub und Körperverletzung geahndet werden, wären wir denen ausgeliefert, die keine Skrupel haben. Das ist offensichtlich.

Nicht alle Familien brauchen gleichartige und gleich viele Regeln. Regeln sollen Kindern helfen oder Schutz gewähren, aber sie dienen auch dazu, den Eltern das Leben zu erleichtern. Je nach den Bedürfnissen der einzelnen Familienmitglieder können die Regeln ganz unterschiedlich aussehen. Erklären Sie Ihren Kindern den Grund für diese Unterschiede. So könnte eine Regel lauten, dass man die Mutter nicht vor Mittag wecken darf, weil sie Nachtschicht arbeitet, den Vater hingegen ab sieben Uhr. Stan hatte ein schlechtes Gewissen, weil sein vierzehnjähriger Sohn mehr Haushaltspflichten hatte als sein neunjähriger Sohn. Der ältere beklagte sich über die Ungerechtigkeit, und der jüngere feixte, wenn der große Bruder den Rasen mähen musste. Mit FREEZE-FRAME erkannte Stan, dass es ganz in Ordnung war, einem größeren Kind mehr Aufgaben aufzubürden. Es hat ein anderes Entwicklungsstadium erreicht und kann mehr leisten als ein kleines Kind. Stan ließ von seinen Sorgen ab und erklärte den Kindern liebevoll den Grund für diese Arbeitsteilung. Nehmen Familienmitglieder einander aus der Herzperspektive wahr, sind weniger Regeln und Erklärungen erforderlich. Die Herzperspektive erzeugt Harmonie (entrainment) – man ist aufeinander eingestimmt.

Eltern haben von Natur aus Macht über ihre Kinder. In den Augen des Gesetzes sind sie verantwortlich für deren Verhalten und Wohlergehen. Die Gesellschaft stärkt diese Autorität. Wenn ein Kind in der Nachbarschaft Schaden anrichtet, haften die Eltern dafür. Vernachlässigen die Eltern die Gesundheit und Sicherheit eines Kindes, kann ihnen das Sorgerecht entzogen werden. Ein Kind ist zur Erfüllung seiner körperlichen und emotionalen Bedürfnisse auf die Eltern angewiesen und gelangt dadurch in den Besitz eines der größten Schätze: einer Autoritätsfigur.

Der gesunde Menschenverstand sagt uns, dass ein Kind fähig ist, rational zu handeln und sein Tun an der Herzintelligenz auszurichten. Eltern mit Herzintelligenz gewähren ihrem Kind dort Spielräume, wo es seine Fähigkeit zu verantwortungsbewusstem Handeln bereits bewiesen hat, und schränken die Spielräume dort ein, wo das nicht der Fall ist. Ein Kind, das gezeigt hat, dass es höflich und klar sprechen kann und Nachrichten auch weitergibt, darf vielleicht ans Telefon gehen. Dasselbe Kind ist vielleicht nicht reif genug, um mit einem Freund allein zu Hause zu bleiben, solange die Mutter einkauft.

Das Herz sagt einem, dass man sich bei der Vermittlung von Disziplin um Ausgewogenheit bemühen sollte. Kinder brauchen Eltern, auf die sie sich verlassen können und die ihnen Interesse entgegenbringen. Echte Fürsorglichkeit heißt, die Dinge mit der ausgewogenen Herzperspektive anzugehen. Wenn Sie die HEART-MATH – HERZINTELLIGENZ-Techniken üben, werden Sie Ihre eigenen vernünftigen Methoden zur Disziplinierung entwickeln. Jeder Mensch, jeder Vater, jede Mutter, jede Familie muss selbst mit dem Herzen entscheiden, welche Form von Disziplin einem Kind am meisten bringt.

Ein Kind, dem zu viel nachgegeben wird, erlebt seine Eltern als labil. Wenn es diese herumkommandieren darf, macht ihm das Angst und verursacht Schuldgefühle. Viele Kinder haben mir gegenüber schon zugegeben:

„Meine Eltern haben mir einfach alles erlaubt. Ich konnte mich stundenlang draußen herumtreiben, ohne dass sie wussten, wo ich war. Ich konnte meinem Vater gegenüber ungehorsam sein und Fernsehprogramme anschauen, die er mir verboten hatte, ohne dass er deswegen etwas unternommen hätte. Ich hatte das Gefühl, ich sei es nicht wert, dass man sich um mich kümmerte. Meine Eltern hätten dafür sorgen sollen, dass ich sie respektiere."

Das ist ein Schrei nach Fürsorglichkeit.

Wenn Sie Ihr Umfeld so gestalten, dass es von Herzenergie erfüllt ist, kultivieren Sie eine Atmosphäre, in der die körperlichen, emotionalen und geistigen Bedürfnisse Ihres Kindes erfüllt werden. Alle Kinder brauchen Platz, um sich auszubreiten, zu spielen und körperlich aktiv zu sein. Sie brauchen einen Garten oder ein Gelände, wo sie Dinge erforschen, klettern, graben, plantschen, schreien und rennen dürfen, ohne Gefahr zu laufen, etwas kaputt zu machen. Wenn Sie ungünstig wohnen, ermöglichen Sie Ihrem Kind, zu bestimmten Zeiten woanders „auf Forschungsreise zu gehen", z. B. auf dem Spielplatz oder im Park. Wählen Sie Spielsachen und stellen Sie Regeln auf, die den Bedürfnissen Ihres Kindes entsprechen. Manche Eltern erwarten, dass schon Fünfjährige komplexe Aufgaben bewältigen können. Wenn Sie Ihrem Vierjährigen winzige Lego-Steine geben statt der größeren Duplo-Steine und seine Feinmotorik oder Koordinationsfähigkeit noch nicht ausreicht, sie ohne Mühe zusammenzubauen, ist er frustriert. Erlauben Sie einem Erstklässler Dinge, die eher einem Zehnjährigen angemessen sind, wie z. B. auch an Schultagen bis halb zehn Uhr aufzubleiben, haben Sie wahrscheinlich ein schlecht gelauntes Kind.

Kinder müssen Fragen stellen dürfen. Wenn die Eltern oft ungeduldig oder zu beschäftigt sind, um diese Fragen zu beantworten,
dann hemmt das die geistige Entwicklung eines Kindes. Viele Eltern wissen, wie wichtig es ist, sich genug Zeit für die Kinder zu
nehmen. Es macht einen gewaltigen Unterschied, ob man sich in
dieser gemeinsam verbrachten Zeit von seinem Herzen oder vom
Kopf steuern lässt. Wenn Sie sich eine halbe Stunde Zeit für Ihr
Kind nehmen, dabei aber ständig an die Arbeit, einen Anruf oder
eine Fußballübertragung denken, machen Sie nicht viel aus dieser
Zeit. Qualität kommt aus dem Herzen. Wenn Sie Ihrem Herzen
entsprechend handeln wollen, lesen Sie eine Geschichte vor, spielen Sie ein Spiel, beantworten Sie Fragen oder diskutieren Sie über
ein Thema, an dem Ihr Kind interessiert ist. So fördern Sie sein
schöpferisches Denken.

Verbringt man Zeit auf diese „herzliche" Weise miteinander,
entsteht ein starkes Band, und die Kommunikation verbessert sich.
Man schafft einen Ausgleich zur Disziplin. Alle diese Beispiele
sollen Ihnen helfen, eine Atmosphäre zu schaffen, in der es möglich ist, zu wachsen und sich sicher zu fühlen: eine gute Atmosphäre. Es ist wichtig, dass die Regeln innerhalb der Familie eindeutig und klar, emotional akzeptabel und gerecht sind. Disziplin
ist ein Muss für jede Familie, die in Frieden leben will. Bewerten
Sie Ihre eigene Disziplin – vermittelt sie Ihrem Kind Sicherheit
und Stärke? Festigt sie den familiären Zusammenhalt und gibt der
Familie Geborgenheit und Hoffnung? Wenn nicht, nutzen Sie die
Intelligenz Ihres Herzens, um die notwendigen Veränderungen
herbeizuführen.

Ausgewogene Disziplin

Viele Eltern disziplinieren ihre Kinder, indem sie sie einschränken.
Wenn Sie Ihrem Kind Hausarrest geben oder es auf sein Zimmer
schicken und ihm dann erlauben, sich mit Fernsehen, Videospielen
oder Heavy Metal zu unterhalten, ist der Freiheitsentzug wohl
wenig wirkungsvoll. Andere Eltern disziplinieren, indem sie ihr

Kind eine Zeit lang vom Familienleben ausschließen. Das kann eine wirkungsvolle Maßnahme sein. Wenn der kleine Missetäter aber auf einer Bank sitzen und zuschauen kann, wie die anderen spielen, oder sich allein mit seinen Spielsachen vergnügen darf, dann ist er abgelenkt und denkt nicht unbedingt über die Regeln nach, gegen die er verstoßen hat.

Die wirkungsvollste, vom Herzen geleitete Disziplinierungsmaßnahme besteht darin, ein Kind, das Strafe verdient hat, an die Wand zu stellen: Eine Weile lang bleibt es mit dem Gesicht zur Wand stehen, oder, wenn es noch klein ist, sitzen. Das gibt ihm Zeit, innezuhalten und ohne Ablenkung über die Regel nachzudenken, die es gebrochen hat. Sprechen Sie zuerst von Herzen mit Ihrem Kind, damit es versteht, warum es an die Wand gestellt wird. Dann fordern Sie es auf, die Zeit an der Wand dazu zu nutzen, mit dem Herzen darüber nachzudenken, was es getan hat. Es soll die Freeze-Frame-Übung machen, damit sein intuitives Verständnis wächst. Niemand spricht mit ihm, solange es an der Wand steht, und auch das Kind muss schweigen. Wenn die Zeit abgelaufen ist, können Sie ein ruhiges Gespräch von Herz zu Herz führen. Fragen Sie Ihr Kind, was es herausgefunden hat. Üben Sie dabei intuitiv zuzuhören, und seien Sie aufrichtig.

Manchmal scheint es angebracht, Privilegien zu streichen, einem Kind z. B. ein Spielzeug wegzunehmen oder ihm zu verbieten, irgendwohin zu gehen. Die Herzperspektive ermöglicht Ihnen, dabei im Rahmen zu bleiben und nicht zu übertreiben. Auch das Verbot elektronischer Unterhaltung mit Filmen, Fernsehen und Videospielen für einen bestimmten Zeitraum ist eine wirkungsvolle Disziplinierungsmaßnahme. Elektronisches Spielzeug kann die Kopffrequenzen leicht überreizen. Das daraus resultierende Ungleichgewicht erschwert es einem Kind, sich auf sein Herz zu besinnen. Dasselbe kann geschehen, wenn es seinen CD-Player oder Kassettenrekorder zu viel benutzt. Wenn Sie elektronische „Aufputschmittel" verbieten, sollten Sie Ihrem Kind helfen, durch andere Aktivitäten ein inneres Gleichgewicht zu finden. Geben Sie

ihm ein Buch zu lesen, sprechen Sie mehr als sonst mit ihm, spielen Sie draußen mit ihm.

Ist Ihnen klar geworden, welche Verhaltensweise Ihres Kindes
der Disziplinierung bedarf, entscheiden Sie sich intuitiv für eine
angemessene Maßnahme. Setzen Sie sowohl die Regeln als auch
die Konsequenzen bei deren Übertretung fest. Ein Beispiel: Ihr
Kind ist in letzter Zeit zu lange draußen geblieben. Legen Sie fest,
um welche Zeit es zu Hause sein soll, sagen wir um 20.50 Uhr.
Unterweisen Sie es: „Ich möchte, dass du jeden Abend um zehn
vor neun zu Hause bist. Wenn du nach neun Uhr nach Hause
kommst, darfst du eine Woche lang nach dem Abendessen nicht
mehr raus." Dass Sie ihm zehn Minuten Spielraum geben, zeigt
Ihrem Kind, dass Sie seinen Umgang mit Zeit respektieren: Vielleicht muss es eben noch fertigspielen oder kurz zur Toilette, bevor es sich auf den Heimweg macht. Ausgewogene Disziplinierungsmaßnahmen verbinden feste Verhaltensmaßregeln mit etwas
Spielraum – als Zeichen, dass man das Kind und den Fluss der
Ereignisse respektiert. Hier ein weiteres Beispiel: Eine Ihrer Töch-
ter hat die Aufgabe, nach dem Essen das Geschirr zu spülen. Das
vergisst sie häufig und muss daher oft daran erinnert werden.
Manchmal lässt sie das Geschirr stundenlang im Spülbecken liegen, wäscht es dann hastig und nicht gründlich ab. Sagen Sie ihr:

„Ich möchte, dass der Abwasch jeden Abend bis acht Uhr erledigt ist. Wenn eine Fernsehsendung kommt, die du dir anschauen
möchtest, oder du aus einem anderen Grund etwas mehr Zeit
brauchst, dann frag mich um Erlaubnis, und wir legen fest, um
welche Zeit du fertig sein musst. Wenn das Geschirr nicht rechtzeitig gespült ist, darfst du drei Abende lang nicht fernsehen."

Auch hier setzt die Mutter Regeln fest, die Flexibilität erlauben.
Dieselbe Methode können Sie in anderen Bereichen anwenden,
wenn es beispielsweise darum geht, das Zimmer aufzuräumen, den
Müll hinauszubringen, den Hund zu füttern usw.

Wenn Sie Ihre Kinder wirklich lieben, stellen Sie feste Regeln
auf und setzen Sie Grenzen. Eine Sache mit dem Herzen anzuge-

hen bedeutet, dass Kopf und Herz eine Art Abkommen schließen. Es ist heutzutage eine Herausforderung, ein Kind großzuziehen. Wenden Sie die in diesem Buch beschriebenen HEARTMATH – HERZINTELLIGENZ-Techniken an. Sie haben sich für viele Eltern, Kinder und Familien als hilfreich erwiesen. Beobachten Sie Ihre Kinder, und hören Sie Ihnen zu, damit Sie begreifen, wie sie wahrnehmen. Dann sprechen Sie offen und ehrlich mit ihnen. Seien Sie immer einen Schritt voraus, und leiten Sie Ihre Kinder mit Herzintelligenz an. Lehren Sie sie Herzintelligenz zu entwickeln, indem Sie ihnen ein Vorbild sind. So werden Sie (Kommunikations-)Lücken schließen und einen Mangel an Herzensbildung beheben. Wenn Sie als Vorbild Charakter beweisen, werden Ihre Kinder davon profitieren und zu ihrer eigenen Stärke finden, wenn sie größer werden. Haben Sie Mitgefühl mit sich selbst und Ihren Kindern, während Sie lernen. Es werden immer wieder schwierige Aufgaben zu bewältigen sein. Kinder machen Fortschritte und Rückschritte, doch das gehört zu ihrer Entwicklung. Wenn sie keinerlei Herausforderungen bewältigen müssen, werden sie das Leben nicht begreifen.

Erinnern Sie sich daran, wie viel Freude Kinder einem machen können, wenn sie fest in ihrem Herzen verankert sind. Erinnern Sie sich an Augenblicke, in denen Ihnen die Schönheit der kindlichen Seele, insbesondere Ihres eigenen Kindes, bewusst wurde? Das macht es so lohnend, Kinder zu haben. Wenn Sie nicht genug „Herzzeit" mit Ihrem Kind verbringen, wird die Erziehung zu einer sehr schwierigen Aufgabe. Die Grundregel für ein erfülltes Elternleben lautet: Lieben Sie Ihr Kind von Herzen.

Kapitel 8

Entwicklungsmuster

Wann beginnt die Elternschaft? Biologisch gesehen beginnt alles mit der DNS. Welche Rolle spielen DNS und Vererbung für die Elternschaft? Ein Spermium verschmilzt mit einer Eizelle; beide kombinieren ihre DNS-Informationen. Bei der Entwicklung des menschlichen Embryos organisieren sich die Zellen und ordnen sich gemäß der genetischen Blaupause, die in der DNS jeder Zelle enthalten ist. Die DNS enthält alle Daten und Informationen, die für das Wachstum eines Kindes nötig sind. Sie enthält den Code des Lebens. Irgendetwas gibt es in der DNS, das einen Sechzehnjährigen zu einer Aussage wie folgender veranlasst:

„Ich glaube das Leben ist etwas Unglaubliches, ein unglaubliches, unerforschbares Wunder, wie Zauberei. Seine Schönheit besteht darin, dass es so unglaublich wunderbar und so unglaublich schrecklich sein kann und alles, was dazwischenliegt, und das ist gut so. Ich weiß nicht, worin der Sinn des Lebens besteht, aber ich weiß, dass der Wert des Lebens, das, wofür es sich lohnt zu leben, die Liebe ist – wenn man ohne Liebe lebt, lebt man gar nicht richtig."

Die Wissenschaft weiß schon seit Jahren, dass körperliche Eigenschaften genetisch bedingt sind. Häufig hört man: „Er sieht seinem Vater sehr ähnlich. Er hat den gleichen Körperbau, die gleichen Augen, die gleiche Nase; die Ähnlichkeit ist verblüffend!" Die menschliche DNS enthält 23 Chromosomenpaare. Jedes Chromosom wiederum enthält Tausende von Genen, und jedes Gen ist verantwortlich für einen Erbfaktor wie z.B. Augenfarbe,

Knochenbau, Körpergröße, Haarwuchs, Farbblindheit usw. Viele
weit verbreitete Krankheiten beruhen auf Abnormalitäten der
Chromosomen oder Gene, z. B. das Downsyndrom, Mukoviszi-
dose, Hämophilie und Sichelzellen-Anämie.

Auch das Temperament und die Charakterzüge eines Kindes
sind zum Teil genetisch bedingt. Genetische Informationen beeinflussen die chemische Struktur des Gehirns und die Entwicklung
des Nervensystems. Charakterliche Ähnlichkeiten zwischen Eltern
und Kindern beruhen teilweise auf Vererbung. Zum Beispiel können Eltern und Kinder eine Neigung zu ähnlichen Verhaltensweisen haben, etwa zu übertriebener Sorge, Schüchternheit, Risiko-
freude, Autoritätsgläubigkeit usw. Meine Mutter vergnügt sich
gerne und ist risikofreudig. Ich habe die gleichen Eigenschaften.
Ein Angestellter des IHM namens Richard wurde mit anderthalb
Jahren von seinem Vater getrennt. Mit 24 Jahren traf er ihn wieder
und verbrachte einige Zeit mit ihm. Vater und Sohn waren überrascht, wie ähnlich sie einander waren. Diese Ähnlichkeiten ließen
sich keinesfalls auf äußere Einflüsse zurückführen. Beide sind sehr
hilfsbereit und kümmern sich gern um andere Menschen. Beide
sind Musiker. Beide lesen und reisen gern. Beide sind Perfektio-
ten, und wenn ihnen etwas nicht perfekt gelingt, gehen sie hart
mit sich ins Gericht.

Fragen Sie Ihre Eltern, wie Sie als kleines Kind gewesen sind.
Gleichen Sie charakterlich Ihrem Vater oder Ihrer Mutter? Haben
Sie ähnliche Stärken oder Schwächen? Das ist Teil des Naturpro-
gramms. Die Vererbung spielt eine Schlüsselrolle bei der Entwicklung der Persönlichkeit, aber sie determiniert nicht alles. Die DNS
legt bestimmte Tendenzen fest, doch jeder hat die Chance, andere
Verhaltensweisen zu erlernen.

Wie weiß die DNS, was zu tun ist? Woher kommt diese wunderbare Intelligenz? In dem Buch *Licht am Ende des Lebens* beschreibt Betty J. Eadie ein erschütterndes Nahtoderlebnis, in dessen Verlauf ihr der spirituelle oder ätherische Aspekt der DNS
klar wurde.[12] Millionen von Menschen, die sich danach sehnen,

den Sinn des Lebens zu verstehen, lasen das Buch. Es war die Nummer eins auf der Bestsellerliste der *New York Times*. Eadie meint, dass Menschen sich in einer vorgeburtlichen spirituellen Welt des genetischen Codes und bestimmter körperlicher Merkmale, die sie später entwickeln werden, bewusst sind. Menschen wählen ihre Matrize auf der Erde, um bestimmte evolutionäre Lernerfahrungen machen zu können. Ich habe etwas Ähnliches erlebt wie Betty Eadie, doch können solche Erfahrungen noch nicht wissenschaftlich verifiziert werden. Eadie beschreibt die Aspekte der spirituellen Matrize folgendermaßen:

„Alle Gedanken und Erfahrungen werden in unserem Unbewussten gespeichert. Sie werden auch in den Zellen gespeichert, so dass jede Zelle nicht nur vom genetischen Code, sondern auch von jeder Erfahrung geprägt ist. Des Weiteren wurde mir klar, dass diese Erinnerungen durch den genetischen Code an unsere Kinder weitergegeben werden. Diese Erinnerungen sind ausschlaggebend für viele Veranlagungen innerhalb einer Familie, wie z. B. die Veranlagung zu Suchtverhalten, Ängstlichkeit, zu bestimmten Stärken usw." Doch sie fügt hinzu: „Wenn Sie sich selbst sehen könnten, bevor Sie geboren werden, wären Sie überrascht über Ihre Intelligenz und Ihre Erhabenheit."

Der Geist sammelt von der Geburt bis zum siebten Lebensjahr eines Kindes Erfahrungen über materielle Formen und Prinzipien. Die Berührung der mütterlichen Brustwarze ist für einen Säugling ein Trost. In den ersten paar Lebenswochen ist der Mund das wichtigste Wahrnehmungsorgan des Säuglings. Er ist ein kommunikatives Sinnesorgan; vom ersten Tag an spucken, speicheln, schreien, brabbeln und gurgeln Babys. Zuerst halten sie beim Saugen die Augen fest geschlossen, weil sie nicht mehr als eine Tätigkeit auf einmal verarbeiten können. Die wachsende Kapazität zur Informationsverarbeitung ermöglicht ihnen später, gleichzeitig zu saugen und zu sehen. Säuglinge spüren sehr genau, wann die Eltern ihnen Liebe schicken. Ihre Herzen reagieren auf diese liebevolle Energie, die auf sie überstrahlt. Sie fühlt sich gut an, und oft reflektieren Babys diese Liebe instinktiv. Das kommunikative

Feedback durch Lächeln und Plappern beginnt ungefähr in der fünften Lebenswoche. Diese angeborenen Verhaltensweisen sind vom Instinkt gesteuert. Kinder aller Kulturen durchlaufen eine ähnliche körperliche Entwicklung und haben ein ähnliches Wachstumstempo. Verglichen mit anderen Arten entwickelt der Mensch sich langsam und braucht lange, bis er seine Autonomie erreicht hat.

Naturgesetze und menschliche Entwicklung

Die Physik entdeckte und verifizierte viele Naturgesetze über Energie, Bewegung und Kräfte. Einstein entdeckte und bewies, dass $E = mc^2$. Energie und Masse sind äquivalent. Mit der Quantentheorie belegte er, dass physikalische Ereignisse und subjektives Bewusstsein voneinander abhängig sind – alles besteht aus Energie, die in unterschiedlichen Frequenzen schwingt, auch Sinneseindrücke, Gedanken und Gefühle. Säuglinge beginnen am Tag der Geburt mit der Erforschung dieser verschiedenen Frequenzen. Ein Baby kann sich in einem wahren Bombenhagel von Reizen auf einen bestimmten Gegenstand oder eine gehörte oder gesehene Frequenz konzentrieren.

Frequenzkopplung (entrainment) ist ein Phänomen, das überall in der Natur zu beobachten ist, wo Systeme oder Organismen sich synchronisieren, um maximale Effizienz zu erreichen. Damit folgen sie dem Satz von der Erhaltung der Energie. Vogelschwärme verhalten sich so, wenn sie in Formation fliegen. Pendeluhren, die sich im gleichen Raum befinden, schwingen sich auf den Rhythmus der größten Pendeluhr ein. Der Herzrhythmus eines Säuglings an der Mutterbrust passt sich nach kurzer Zeit dem Herzrhythmus der Mutter an. Beide Rhythmen schwingen aufeinander ein.

Zwischen Mutter und Kind gibt es eine wortlose Verständigung (eine intuitive Frequenzkopplung). Weint ein Säugling außerhalb der Hörweite der Mutter, weiß diese, dass das Kind sie braucht.

Ein Gefühl veranlasst sie, nach dem Baby zu schauen, und in der Mehrzahl der Fälle ist dieses Gefühl berechtigt. Kommt die Mutter, ist das Kind zufrieden. Durch ihre Liebe antwortet sie intuitiv auf viele subtile Hinweise des Säuglings. Steht sie unter Stress, ist das Gefühl der Liebe, die intuitive Verbundenheit, möglicherweise blockiert. Je mehr Stress die Mutter hat, desto mehr Missverständnisse gibt es. Liebe kann die intuitive Verbindung – und damit eine optimale Kommunikation – wieder herstellen. Sorgt anstelle der Mutter der Vater oder eine andere Person für das Kind, ändert sich durch die Liebe die Matrize. Viele Adoptiveltern bestätigen, dass sie intuitiv eine Verbindung zum Wesen des Säuglings herstellen konnten. Auch Sie können Ihrem Kind helfen, die Liebe als ein warmes, strahlendes Gefühl zu identifizieren, das von Herzen kommt. So stärken Sie das intuitive Band zwischen sich und ihm. Nehmen Sie sich Zeit für Ihr Kind, und lieben Sie es aufrichtig.

Wenn Säuglinge etwa unter Koliken oder Weinkrämpfen leiden und sich von der Mutter nicht beruhigen lassen, sollte diese ihnen Liebe schicken. Das wirkt sehr beruhigend, und Mutter und Kind können sich leichter entspannen. Außerdem kann die Mutter so etwas Positives tun. Eine Bekannte schilderte mir ihre Erfahrungen mit ihrem vier Monate alten Sohn:

„Ich wiegte mein Baby, fuhr es im Auto spazieren und versuchte seine Kolik mit allen Mitteln zu lindern, aber nichts half. Seine Schmerzensschreie machten mich ganz verrückt, weil es nichts gab, was ich hätte tun können. Am meisten brachte es, ihm Liebe zu schicken und die HEARTMATH – HERZINTELLIGENZ-Techniken anzuwenden. Das bewahrte mich vor dem Verrücktwerden."

Wenn eine Mutter sich hilflos fühlt und frustriert ist, wird es für sie und ihr Kind schwierig. Das Kind nimmt sowohl seine eigenen Schmerzen als auch die Spannung der Mutter wahr.

Da Säuglinge sehr sensibel für Energieflüsse sind, spüren sie intuitiv, wenn sich Ihre Energie verändert. Ein Baby merkt, dass FREEZE-FRAME sich auf Ihre Stimmung und Ihre Energie niederschlägt. Spürt es, dass Sie sich entspannen und der Stress nachlässt, reagiert es oft sehr positiv. Es kann sein, dass es aufhört zu grummeln und vor Begeisterung zu jauchzen anfängt, wenn Sie die Energie im Raum verändern. Will man einem Kleinkind die FREEZEFRAME-Technik beibringen, sollte man ihm zunächst einmal Vorbild sein.

Aus den frühen Muskelbewegungen von Kindern entwickeln sich ihre fein- und grobmotorischen Fähigkeiten. Kinder haben den Drang, sich körperlich mit der Erde zu beschäftigen. Ein Baby kann mit ungefähr vier Monaten den Kopf heben. Das ermöglicht ihm räumliche visuelle Wahrnehmung. Greifen Babys nach Gegenständen, können sie Entfernungen eindeutig unterscheiden. Im Alter von sechs Monaten beginnen sie sich aufzusetzen und ihr Gleichgewicht zu finden. Körperbewegungen wie diese und Sinneseindrücke bilden vorläufige Muster im kindlichen Gehirn. Durch Wiederholung verfestigen sich diese Muster.

In der zweiten Hälfte des ersten Lebensjahres erwirbt und vervollkommnet das Baby die grundlegenden Fähigkeiten, die notwendig sind, um in der Welt zu leben und sich auszudrücken. Mit sieben Monaten baut es seine Fähigkeiten aus – es stemmt sich auf Händen und Knien hoch, schaukelt vor und zurück und beginnt zu krabbeln. Bald kann es richtig krabbeln und versucht alles zu erforschen. Nichts macht ihm mehr Vergnügen, als die Familienmitglieder unterscheiden zu lernen und „Dada" und „Mama" zu sagen. Wenn Sie Ihrem Kind Liebe entgegenbringen und es deren Strahlen spürt, mag es friedlicher werden, lächeln, Ihnen die Arme entgegenstrecken oder um den Hals legen.

Im Alter von neun Monaten hat ein Kind das Sitzen und Krabbeln erlernt. Es hat zu seiner eigenen „Gangart" gefunden und wird schneller. Bald zieht es sich an Möbeln hoch, hält sich mit einer Hand fest und hält das Gleichgewicht. Langsam wird es sich der vertikalen Achse bewusst. Rückt der erste Geburtstag näher, erforscht es seine Umwelt bereits aktiv aus unterschiedlichen Blickwinkeln. Es merkt, wenn man auf es reagiert, und genießt den Beifall seiner Eltern, wenn es eine neue Fertigkeit erlernt hat.

Wenn Sie Ihrem Baby mit aufrichtiger Liebe begegnen, werden Sie ein sicheres intuitives Wissen entwickeln, wie Sie ihm etwas beibringen können. In einer liebevollen Atmosphäre fühlt es sich sicher genug, um sich den Herausforderungen zu stellen, die die Entwicklung seiner Grobmotorik mit sich bringen.

Kleine Kinder reagieren ganz sensibel auf Eltern, die sich Sorgen machen, unsicher oder psychisch instabil sind. Vielleicht identifizieren sie sich mit den Problemen der Eltern und machen sie sich zu Eigen. Kinder von Eltern, die sich viele Sorgen machen, schweben oft genauso in Ängsten oder ziehen sich, um sich selbst zu schützen, von dem unsicheren Elternteil zurück und wenden sich demjenigen zu, der ihnen mehr Sicherheit gibt. Machen Sie sich klar, dass Kinder die Lebensanschauung und die Standpunkte ihrer Eltern übernehmen. Säuglinge und Kleinkinder spüren, wenn Sie durch FREEZE-FRAME Ihren Blickwinkel verändern, Ihre Stimmung sich hebt und Ihre Sorgen verschwinden, und fühlen sich glücklicher.

Aufgebrachte, verletzte, unsichere oder verängstigte Kinder bis zu sieben Jahren können Sie während der HEARTMATH – HERZINTELLIGENZ-Übungen auf den Schoß nehmen. Bitten Sie das Kind, das Problem in sein Herz zu tun und dort umzurühren, wie man Suppe im Topf oder den Kakao in der Milch umrührt. Sie können so tun, als hätten Sie einen Löffel in der Hand und rührten die Energie sanft um, während Sie ihm Liebe senden. Ein Kind, das auf sein Herz eingestimmt wurde, spürt, wie sich die Energien mischen. Bringen Sie ihm aufrichtige Liebe und Fürsorglichkeit (keine Überbesorgtheit) entgegen. Nach ein paar Augenblicken sagen Sie: „Jetzt wollen wir uns entspannen, als lägen wir in einem schönen, herzerwärmenden Bad." Einem Säugling oder Kleinkind beizubringen, wie man sich in einem schönen warmen Schaumbad auf sein Herz besinnt und entspannt, ist sehr beruhigend und hilfreich. Sie werden spüren, wenn Ihr Kind Sorgen und Ängste fallen lässt. Es wird dann entspannter und ist mit sich im Reinen. Bei manchen Kindern leuchten die Augen, oder sie sehen erleichtert und verspielter aus.

Einjährige Kinder

Bei der Lektüre der folgenden Erläuterungen zu den Entwick-
lungsmustern beachten Sie bitte, dass Kinder verschieden sind und
nicht alle beschriebenen Eigenschaften aufweisen müssen.

Die meisten Kinder beginnen gegen Ende des ersten Lebensjahres zu laufen, aber manchmal wird ihnen ihre neue Unabhängigkeit auch zu viel. Mag sein, dass ein Kind weint, wenn es von der
Mutter getrennt wird, oder in Panik gerät, wenn man es in der
Obhut unbekannter Personen lässt. Meist jedoch wird es außerordentlich neugierig und liebenswert sein. In einem von Liebe erfüll-
ten Energiefeld passt es sich den Überzeugungen seiner Mutter
reibungslos an. Im Laufe dieses Jahres erwirbt es weitere moto-
rische Fertigkeiten, seine Geschicklichkeit beim Ergreifen und Bewegen von Gegenständen wird größer, sein gestisches Vokabular
umfangreicher. Kleinkinder lieben es, Dinge anzufassen und zu
untersuchen; auf diese Weise lernen sie ihre Umgebung kennen.
Während sie wachsen und sich entwickeln, lernen sie mehr und
mehr über die Naturgesetze, denen alles Leben auf der Erde unterworfen ist.

Eines dieser Naturgesetze, die Kleinkinder erforschen, ist das
Gesetz der Schwerkraft. Aufgrund ihrer enormen Masse ist die
Anziehungskraft der Erde so stark, dass jeder Gegenstand zu Boden gezogen wird. Je näher der Boden, desto stärker die Anziehungskraft. So lernen Kleinkinder z. B.: Wenn du hinfällst, macht
es bums. Sie lernen, dass der Wind die Blätter aufwirbelt und dass
der Luftstrom einen leichten Heliumballon bis hinauf in den Himmel trägt, fast alles andere aber zu Boden fällt.

Zweijährige Kinder

Zweijährige Kinder können Sie zu lehren beginnen, wie man sich
auf die Liebe des Herzens besinnt und diese zu Mama, Papa, den
Geschwistern, Haustieren, Teddybären, Freunden, Großeltern
usw. fließen lässt. Legen Sie zunächst Ihre Hand auf Ihr Herz

oder das Herz Ihres Kindes, und erklären Sie ihm, dass dies die Stelle ist, an der Menschen Liebe empfinden. Das Herz enthält Liebe im Übermaß; sie bleibt solange hinter Schloss und Riegel, bis man den Schlüssel nimmt, sein Herz aufschließt und sie jemandem schickt. Ganz spielerisch können Sie beide die Hand aufs Herz legen und den Menschen, die Sie gut kennen, Liebe schicken. Da Sie als Mutter oder Vater Ihr Kind kennen und verstehen, entwickeln Sie Ihre eigenen Spiele. Im dritten Lebensjahr möchte ein Kleinkind mehr als zuvor an den Realitäten der Erde teilhaben: an der Natur, den Geschöpfen, Gegenständen, Fakten und Ereignissen. Es beherrscht seinen Körper besser, ist ruhiger, heiterer und unbeschwerter, da es das Leben nicht mehr als frustrierend empfindet. Es wird häufig seinen Namen nennen und sagen, was es will. Wenn es seine Forderungen kundtut, wird es auch zu dem Schluss kommen, das der Gegenstand, den es haben will, ihm gehört! Das ist Teil des Entwicklungsprozesses, und von daher werden die Eltern Verständnis zeigen, ihm aber auch klarmachen: „Das gehört mir, doch ich teile es gern mit dir." Und sie werden ihm zeigen: „Das ist Mamas Handtasche, aber diese Decke gehört dir." Zweijährige möchten Dinge gern klar definiert haben. Sie wollen einen geregelten Tagesablauf, das vermittelt ihnen ein Gefühl von Stabilität und Sicherheit. Viel beschäftigten Eltern ist es oft nicht möglich, den Tagesablauf immer gleich zu gestalten. Erklären Sie Ihrem Kind Änderungen im Tagesablauf schon zwei Tage vorher, und erinnern es auf spielerische Weise immer wieder einmal daran, um ihm den Umgang damit zu erleichtern. Dann fühlt es sich vorbereitet. Ein zweijähriges Kind macht FREEZE-FRAME-Übungen gern zu festgelegten Tageszeiten. Das hilft ihm, sich beruhigen zu lernen und sich sicher zu fühlen.

Ein FREEZE-FRAME-Spiel für Kleinkinder

Wenn Sie bei der FREEZE-FRAME-Übung die Augen schließen, Ihre Hand aufs Herz legen und das Kind spürt, wie der Energiefluss sich ändert, wird es neugierig. Sagen Sie ihm, dass Sie die FREEZE-

FRAME-Übung machen und sich eine Erholungspause gönnen. In diesem Alter lernen die Kinder durch Nachahmen der Eltern. So verstehen sie auch, dass die „Erholungspause" dazu dient, Energien in den Griff zu bekommen und sich auf das Herz zu besinnen. FREEZE-FRAME dient nicht nur als Disziplinierungsmaßnahme, sondern auch dazu, dass Sie sich besser fühlen. Sobald das Kind alt genug für das „Backe-backe-Kuchen"-Spiel ist (im Alter von etwa zwei Jahren), spielen Sie folgendes FREEZE-FRAME-Spiel:

Alle, tanzen, klatschen, singen – bis Sie „FREEZE-FRAME" sagen. Sofort legen alle die Hand aufs Herz und halten ganz still. So lernt ein Kleinkind, dass „FREEZE-FRAME" bedeutet, innezuhalten und ganz leise zu sein.

Irgendwann wird Ihr Kind die so genannte Trotzphase durchmachen. Sie setzt bei jedem Kleinkind zu einem anderen Zeitpunkt ein, aber häufig beginnt sie mit etwa zweieinhalb Jahren. Die drastischen Veränderungen, die in der Trotzphase in einem Kind vorgehen, können für Eltern erschreckend sein. Mit einem Mal wird Ihr Liebling unflexibel und verklemmt. Seine Emotionen schlagen hohe Wellen und verschaffen sich Ausdruck in überzogenen Forderungen. Was geschieht in dieser Phase? Ein Kleinkind entwickelt Gegenthesen und erforscht innerhalb kurzer Zeit einander entgegengesetzte Grenzen, erprobt das Gesetz von Ursache und Wirkung. Mag es heute Äpfel, verabscheut es sie vielleicht morgen, soll die Mutter ihm helfen, möchte es im nächsten Moment alles alleine machen oder nur von seinem Vater unterstützt werden. Jeder Tag muss gleich ablaufen, damit es keine Entscheidung treffen muss. Entscheidungen verwirren es dermaßen, dass es alles gleichzeitig fordert. Es bekommt Wutanfälle, wenn nicht alles nach seinem Willen läuft. In diesem Alter kann ein Kind bereits in ganzen Sätzen sprechen und den anderen mitteilen, was es will und was nicht. Die Trotzphase reflektiert sein Bemühen, seinen eigenen Willen zu entwickeln. Allerdings braucht sich die Familie davon nicht beherrschen zu lassen.

Die Mitautorin dieses Buches wendete die HEARTMATH – HERZINTELLIGENZ-Techniken an, um ihrem außer Kontrolle geratenen zweieinhalbjährigen Sohn zu helfen, der die ganze Familie schikanierte. Er warf absichtlich Essen (und andere Dinge) zu Boden oder speiste wie ein Fürst, um die Reaktionen seiner Mutter auszutesten. Diese wollte seinen Willen nicht brechen und wusste nicht, was tun. Mit Hilfe von HEART LOCK-IN und der anderen HEARTMATH – HERZINTELLIGENZ-Techniken erkannte sie, dass sie dem Jungen helfen konnte, indem sie ganz anders reagierte als bisher. Als er sich das nächste Mal aufspielte, versuchte sie nicht, ihn zu beruhigen, sondern blieb fest und sagte ihm, ein solch respektloses Benehmen sei nicht erlaubt. Das tat sie so lange, bis das Kind wusste, was es durfte und was nicht. Zuerst war es verblüfft. Dann suchte es bei der Mutter nach Erklärungshinweisen. Diese handelte konsequent ihrer Intuition entsprechend und setzte einen Monat lang feste Grenzen. Bis dahin hatte sich das Verhalten des Jungen vollkommen verändert; er begriff, was es mit Gegensätzen auf sich hatte, und es war eine Freude, ihn um sich zu haben. Eltern mit Herzintelligenz stellen sich auf ihr Kind ein und helfen ihm, radikales und störendes Verhalten rasch abzulegen. Wenn Sie die FREEZE-FRAME-Technik gut beherrschen, entdecken Sie intuitiv, wie Sie Ihrem Kind in schwierigen Phasen Gegensätze begreiflich machen können, ohne dass es in Extreme verfällt.

Dreijährige Kinder

Wenn ein Kind die erste Trotzphase hinter sich hat, leistet es viel weniger Widerstand als zuvor, denn um zu wachsen, braucht es nicht mehr so viele Herausforderungen. Ein dreijähriges Kind vertraut auf seine Fähigkeiten. Es fühlt sich körperlich sicher, ist emotional ausgeglichen und frohgemut. Es macht sehr gern von seiner Kommunikationsfähigkeit Gebrauch. Im Alter von drei Jahren kann ein Kind die Menschen benennen, denen es täglich Liebe schicken will. Eltern und Kind können ein schönes Spiel daraus machen, sich alle Erlebnisse des Tages in Erinnerung zu rufen, bei

denen Sie warme, strahlende Liebe, Fürsorglichkeit oder Anerkennung empfanden. Die Zeitspanne, in der ein Kind aufmerksam bei
der Sache bleiben kann, wächst, sodass die Eltern sich mit Drei-
jährigen schon gut unterhalten können. Wenn Sie ihnen beibringen, „bitte" und „danke" zu sagen, dann sollten Sie ihnen auch
beibringen, es aufrichtig und von Herzen zu tun und nicht nur
eine höfliche Floskel darin zu sehen.

Ein dreijähriges Kind beherrscht seine Motorik und spielt gern
im Freien – z.B. im Hof oder Garten. Man sollte es dort mit allem spielen lassen, ihm aber verbieten, sein „Spielfeld" zu verlassen. Ein Garten ist ein Rahmen, innerhalb dessen ein Kind die
Rätsel des Lebens lösen kann. Legen Sie diesen Rahmen fest, und
lassen Sie Ihrem Kind innerhalb davon Entscheidungsfreiheit.

Ein dreijähriges Kind kann schon geschickt in die Pedale treten
und Dreirad fahren. Beim Fahren erforscht es das zweite New-
ton'sche Gesetz, das besagt: Die Beschleunigung ist proportional
zur Kraft, und stetige Kraft erzeugt eine stetige Beschleunigung.
Bald wird es entdecken, dass es, wenn es zu schnell in die Pedale
tritt, die Kontrolle über sein Fahrzeug verlieren kann.

Während des dritten Lebensjahres werden Freunde wichtig. Das
Spiel Dreijähriger zeugt von Phantasie, Kreativität und der Fähigkeit zur Interaktion. Sie werden sich der Reaktionen anderer immer mehr bewusst. Ein Dreijähriger kann „Ich liebe dich, Mama"
zu Ihnen sagen, denn er ist auf Ihr Gefühl eingestimmt. Nehmen
Sie ihn in den Arm, und achten Sie darauf, wie er auf Ihre Liebe
reagiert. Versichern Sie ihn Ihrer Liebe, wenn er seine Zuneigung
zeigt. Im Lauf des Tages wird er sich immer wieder allein unterhalten und beim Spiel vergnügen. Dann wieder gibt es Zeiten, in
denen nichts läuft, wie er will, und er wird plötzlich in Tränen
ausbrechen. Begegnen Sie ihm mit Liebe, und er wird flexibel bleiben und schnell zu fröhlichem Spiel zurückfinden.

Vierjährige Kinder

Vierjährige kehren ihr Innerstes nach außen. Im Herzen können sie viel lieben, im Kopf viel schreien. Wenn die Eltern ihrer Vierjährigen von Herzen Verständnis entgegenbringen, zeigt diese sich als dynamische kleine Persönlichkeit. Ohne dieses Verständnis gibt sie sich dominant und herrschsüchtig. Ein vierjähriges Kind freut sich so über seine Ausdrucksmöglichkeiten, dass es zu allem bereit ist. Motorisch und emotional „legt es einen Zahn zu". Es ist sich seiner Gedanken sicher und kann mit Vorstellungen und Wahrnehmungen umgehen. Es kann die Eltern durch das Aussprechen von Weisheiten, die aus dem Herzen kommen, entzücken. Dann wiederum nutzt es deren Aufmerksamkeit aus, schaltet um auf den Kopf und redet auf sie ein oder manipuliert sie, um das zu bekommen, was es sich wünscht. Die vierjährige Shawna schaute eines Tages in den klaren Himmel hinauf und rief: „Oh, schau mal, schau mal, Sonne und Mond sind gleichzeitig am Himmel! Ich möchte zum Mond reisen. Ich liebe das Leben. Ich liebe dich so sehr, Mama. Ist das Leben nicht wunderbar?" Die Mutter war fasziniert und antwortete: „Ja, mein Liebling." Als Shawna bemerkte, wie beeindruckt ihre Mutter war, redete sie weiter, diesmal jedoch vom Kopf gesteuert: „Mama, du bist die beste Mutter der Welt, du sorgst so gut für mich, und du machst mein Essen, und wir gehen zusammen spazieren. Mama, können wir in den Park gehen und dann eine Pizza zum Abendessen holen? Geht das? Ich liebe Pizza." Eltern sollten unterstützend darauf hinwirken, dass ihre Kinder Momente der Weisheit erleben, und ihnen dann helfen, wieder ins Gleichgewicht zu kommen.

Wegen ihres überschäumenden Wesens können Vierjährige in Sekundenschnelle böse werden. Dann ist es am besten, sich nicht einzumischen, es sei denn, sie drohen Schaden anzurichten oder stören andere. Warten Sie, bis die Wut von selbst abklingt. Wenn das Kind wieder ansprechbar ist, lassen Sie das Ereignis noch einmal mit ihm zusammen Revue passieren, damit es versteht, was geschehen ist. Der vierjährige Bryan reagierte auf jeden Versuch der Einmischung mit Schlägen, Zwicken und Gewalttätigkeit. Es ist besser, den Wutanfall in Ruhe abflauen zu lassen, als Öl ins Feuer zu gießen.

Üben Sie FREEZE-FRAME gemeinsam mit Ihrem Kind, wenn es ausgeglichen und glücklich ist. Erklären Sie ihm dann, dass diese Übung Kindern und Eltern hilft „abzukühlen", wenn sie außer sich geraten, reizbar, verletzt oder wütend sind, und dass ihre Anwendung in solchen Situationen durchaus Spaß machen kann. Wenn ein Kind aufgebracht ist, helfen Sie ihm, abzuschalten und die FREEZE-FRAME-Übung zu machen. Dann besprechen Sie, was geschehen ist.

Vor ihrem fünften Geburtstag sind Kinder offenbar in der Lage, sich selbst zu motivieren. Wenn sie sich auf ihr Herz besinnen, können sie in ihrem Wissensdurst pausenlos Fragen über das Wie und Warum stellen. Spielt ihr Kopf die erste Geige, widersetzen sie sich unaufhörlich mit „Warum muss ich das tun?" oder „Wieso?". In diesem Alter sind die meisten Kinder ernsthaft wissbegierig, aber manchmal hören sie sich auch nur gerne reden. Lernen Sie beides voneinander zu unterscheiden. Kinder sprechen gern mit ihren Teddybären, Puppen, Tieren, der Natur usw. über sich selbst, ihre Familie, ihren Stress und darüber, warum sie sich Sorgen machen. Deshalb sind sie aufgeschlossen dafür, die FREEZE-FRAME-Technik zu erlernen und zu erfahren, wie man auf sein Herz hört.

Die FREEZE-FRAME-Technik für vier- bis sechsjährige Kinder

Im Alter von vier Jahren kann ein Kind lernen, dass FREEZEFRAME bedeutet, den Gedankenfluss zu unterbrechen und eine Pause einzulegen. Zeigen Sie dem Kind, was mit einem Film geschieht, wenn Sie die „Pause"-Taste des Videorekorders drücken. Das Bild bleibt stehen, und der Ton verstummt. Erklären Sie ihm, dass das auch bei der FREEZE-FRAME-Übung geschieht. Dann bringen Sie ihm die einzelnen Schritte bei:

1. **Schritt:** Erklären Sie ihm, dass FREEZE-FRAME bedeutet, eine körperliche und gedankliche Pause einzulegen.

2. **Schritt:** Erklären Sie ihm, dass man als Nächstes alle Gedanken zum Herzen hinunterfließen lässt. Dann legen Sie Ihre Hand auf sein Herz.

3. **Schritt:** Sagen Sie: „Fühl mal, wie die Wärme deines Herzens alle Gedanken wegspült."

4. **Schritt:** Sagen Sie: „Jetzt nimm dir einen Augenblick Zeit, um dein Herz zu spüren, und denke an einen Menschen, den du liebst." Lassen Sie dies ein paar Sekunden wirken.

5. **Schritt:** Fahren Sie fort: „Jetzt bitte dein Herz, dir zu sagen, was du brauchst oder tun kannst, um dich besser zu fühlen. Denke daran, dein Herz ist sehr klug und gibt gute Antworten, die dir und anderen helfen."

6. **Schritt:** Fordern Sie das Kind auf: „Hör jetzt ganz genau auf dein Herz. Was sagt es dir?"

7. **Schritt:** Helfen Sie dem Kind, das zu tun, was sein Herz ihm rät.

Fünf- und sechsjährige Kinder

Mit fünf oder sechs Jahren werden Kinder zunehmend reif und verantwortungsbewusst. Sie beginnen sich von der Mutter abzunabeln und in die Familie zu integrieren. Kinder dieses Alters können sich so sehr um Unabhängigkeit bemühen, dass es sie richtig stresst. Immer wieder zögern sie, sind unentschlossen und haben Entscheidungsschwierigkeiten. In diesem Alter entwickelt sich das Gehirn schnell, deshalb findet ein Kind das Leben schwierig. Es hat Probleme, seine motorischen Fähigkeiten zu kontrollieren, und scheint emotional ständig unter Stress zu stehen. Es mag unbeholfen und ängstlich erscheinen. Wenn es sich vom Kopf steuern lässt, kann es fordernd und frech sein. Das kommt von seinem ungeheuren Drang, akzeptiert und geliebt zu werden. Versagen hält es nicht aus. Bringen Sie es liebevoll dazu, sich wieder auf sein Herz zu besinnen, dann wird es Ihnen viel Freude machen. Fünf- bis Sechsjährige sind erpicht auf neue Erfahrungen, Gedanken und Erkenntnisse und entwickeln zunehmend geistige Fähigkeiten. Es ist an Ihnen, zu begreifen, dass ihre Realität sich schnell verändert. Oft versucht ein Kind, sich selbst wieder aufzubauen, indem es nur Dinge tut, die es schon kann. Helfen Sie ihm, mit der FREEZE-FRAME-Technik seine innere Kraftquelle zu finden. Unterstützen Sie es bei der Bewältigung neuer Herausforderungen. Es liebt seine Familie sehr und braucht viel Bestätigung von ihr.

Fünf- bis Sechsjährige reden in der Regel wie ein Wasserfall. Nutzen Sie Ihre Herzintelligenz, um Ihren Kindern in diesem Alter solide Kommunikationstechniken zu vermitteln. Lesen Sie ihnen Bücher vor, sprechen Sie mit ihnen, stellen Sie ihnen Fragen, erzählen Sie ihnen Geschichten, und erklären Sie ihnen Fakten. Hören Sie mit ganzem Herzen zu, und äußern Sie sich offen. In diesem Alter orientieren sich Kinder gern am Vorbild der Eltern. Folgendes Spiel eignet sich gut für Fünf- bis Sechsjährige. Es heißt: „Mit dem Herzen zuhören und das Herz sprechen lassen".

Mit dem Herzen zuhören und das Herz sprechen lassen

1. Schritt: Eine Person ist Sprecherin oder Sprecher, die andere Zuhörerin oder Zuhörer. Der Sprecher zählt drei Dinge auf, die ihm in der betreffenden Woche Freude bereiteten – Ereignisse, Personen oder eigenes Verhalten. Er ruft sich die Augenblicke ins Gedächtnis, in denen er sich geliebt fühlte. Die Familienmitglieder können unterstützend mitwirken. Er sagt z. B.: Ich habe auf Opas Schoß gesessen, mich über die neuen Schuhe gefreut, mit meinem besten Freund gelacht usw.

2. Schritt: Der Sprecher berichtet der Zuhörerin über die dabei empfundenen Gefühle. Er lässt sein Herz sprechen. Er stellt sich vor, sein Herz habe einen Mund, dessen Lippen sich bewegen, während er spricht. (Für jede Situation formuliert er ein bis zwei kurze Sätze.)

3. Schritt: Die Zuhörerin lauscht mit dem Herzen. Sie stellt sich vor, ihr Herz habe ein Ohr. Das hilft ihr, genauer hinzuhören. Aus tiefstem Herzen zu lauschen heißt zuzuhören, ohne dabei eigenen Gedanken nachzuhängen. Steigen Gedanken in ihr auf, lässt sie diese wieder davonziehen, ohne dagegen anzukämpfen. Dann richtet sie ihre Aufmerksamkeit wieder zurück auf das Ohr in ihrem Herzen, um noch besser hören können, was der Sprecher zwischen den Zeilen sagt. Sie schickt dem Sprecher beim Zuhören Liebe.

4. Schritt: Ist der Sprecher alles losgeworden, muss die Zuhörerin das Gesagte wiederholen, um zu demonstrieren, dass sie richtig gehört hat. Sie spiegelt das Gesagte wider, bis der Sprecher erklärt, dass er sich gehört und verstanden fühlt. Andere Familienmitglieder können unterstützend mitwirken, müssen aber ebenfalls zuhören.

5. Schritt: Nun werden die Rollen getauscht, und das Spiel beginnt von vorne.

Wenn die Aufmerksamkeit der Kinder nachlässt, während sie lernen, von Herzen zuzuhören, machen Sie die FREEZE-FRAME-Übung mit ihnen. Alle halten einen Moment inne und besinnen sich auf ihr Herz. Dann schauen Sie einander an, und anschließend hören Sie wieder zu. Unterbrechen Sie einander nicht. Jeder wartet mit Reden, bis er oder sie an der Reihe ist.

Kinder sind erst im Alter von sieben Jahren zur Selbstdisziplin fähig. Von einem Sechsjährigen zu erwarten, dass er abstrakt genug denken kann, um seine Gefühle zu kontrollieren und bestimmte logische Entscheidungen zu treffen, wäre absurd. Mit Beginn des achten Lebensjahrs fängt das Lösen intellektueller Aufgaben an, Spaß zu machen. Eine Siebenjährige kann sich riesig über ihre Fortschritte freuen. Von der Geburt bis zum Ende des siebten Lebensjahrs hat das Kind seinem Leben Gestalt gegeben – nun ist es bereit, sich dem logischen Denken zuzuwenden.

Kapitel 9

Kinder zwischen sieben und zwölf Jahren

Im Alter von sieben bis zwölf „sammelt" ein Kind Anschauungen – vom Vater, der Familie, aller Welt. Bei Siebenjährigen beginnt sich die enge Bindung an die Mutter zu lockern, bleibt aber auf der intuitiven Ebene in der gewohnten Intensität erhalten. Zwischen beiden herrscht nun Liebe auf Distanz; sie erlaubt dem Kind, sich zu entwickeln, ohne übermäßig bemuttert zu werden. Manchen Müttern fällt es sehr schwer, ein siebenjähriges Kind loszulassen. Wenn ihnen ihre Intuition nicht sagt, wann sie es schützen und wann sie es loslassen sollten, klammern sie sich an das Kind.

Mit sieben Jahren beginnt ein Kind seine eigenen Anschauungen, Gedanken und Vorstellungen zu entwickeln. Das Gefühl, über sich selbst bestimmen zu können, wird stärker, und es hat physisches Selbstvertrauen im Umgang mit physikalischen Grundprinzipien und Naturgesetzen. Es kann sich frei in komplexe Gedankengänge vorwagen. Das Sprachvermögen ist ausgebildet. Forschungsergebnisse legen nahe, dass das Gehirn im siebten Lebensjahr eines Kindes einen Wachstumsschub erfährt. Das Gehirn eines Siebenjährigen weist vier- bis fünfmal so viele Neuronenverbindungen auf wie das Gehirn eines Anderthalbjährigen. Die DNS-Matrize sieht jetzt die Benutzung des Intellekts und die Individualisierung von Anschauungen vor.

Siebenjährige Kinder entwickeln ein Verständnis für Beziehungen. Sie erforschen die Gesetze des Magnetismus, die zwischenmenschlichen Anziehungs- und Abstoßungskräfte. Sie sind sich bewusst, dass sie manche Menschen mögen und andere nicht. Des Weiteren beginnen sie einfache mathematische Schlussfolgerungen zu verstehen. Sie wissen bereits, dass $1 + 1 = 2$, und können begreifen, dass Addieren und Subtrahieren die Summe erhöht oder verringert. Sie sind in der Lage, herausfordernde Probleme mit Hilfe von Logik und Herzintelligenz zu lösen. Zu diesen Herausforderungen gehören sowohl der Umgang mit konkreten Gegenständen als auch das Durchleben von Ereignissen.

Im Alter zwischen acht und zehn entwickelt ein Kind allmählich einen Sinn für das eigene Selbst. Es wagt sich auf die Ebene des Theoretischen vor und wird zunehmend sicher im Umgang mit dem Hypothetischen. Nehmen wir an, es wird gefragt: „Was wäre, wenn dir der Lehrer morgen besonders viele Hausaufgaben aufgäbe, du nach der Schule ein Fußballspiel hättest und am Abend einen Film anschauen wolltest?" Ein Zehnjähriger kann in komplexen Gedankengängen mehrere mögliche Antworten durchspielen und passende Lösungen vorschlagen. Auch lernt er, dass man Gefühle so oder so interpretieren kann. Beispielsweise versteht er den Sinn einer Frage wie: „Wie fühlt sich dieser Junge, wenn du ihm Schimpfnamen gibst?" Ein jüngeres Kind würde wahrscheinlich antworten: „Ich weiß nicht" oder „Er fühlt sich schlecht", weil man es ihm suggeriert hat. Ein zehnjähriges Kind kann die Gefühle des anderen Kindes nachvollziehen und verstehen.

Die Entdeckung der Individualität

Individualität ist gleichzusetzen mit der Summe der Anschauungen, die ein Kind während des Heranwachsens über seine Position in der Welt entwickelt. In diesem Prozess eignet es sich variable und absolute Wertvorstellungen, unterschiedliche Gedanken- und Gefühlsmuster an. Die Wahrnehmungsfähigkeit entwickelt sich auf der Grundlage allgemeiner Fähigkeiten von selbst. Kleine Kinder lernen konkrete Gegensätze wie schwarz und weiß, oben und unten, innen und außen zu unterscheiden. Später kommt das Wissen über abstrakte Gegensätze wie gerecht und ungerecht, gesetzlich oder ungesetzlich hinzu. Zum Beispiel sagt man Kindern oft: „Es ist gerecht, dass jeder einmal an die Reihe kommt." Sie begreifen sehr schnell, dass „es ungerecht ist, wenn alle außer mir an die Reihe kommen". Jedoch erfordert das Verständnis dafür, dass es ebenfalls ungerecht ist, dass alle an die Reihe kommen „außer dem Kind, das du nicht leiden kannst", eine andere Anschauungsbasis.

Kinder, die nicht alle diese Wahrnehmungsstadien durchlaufen haben, sind als Jugendliche vielleicht nicht in der Lage, angemessene Unterscheidungen zu treffen, und werden deshalb womöglich nichts Ungehöriges darin sehen, ein Kind auszuschließen, indem sie es lächerlich machen, ablehnen oder ihm schaden. Solche Jugendlichen sind nicht fähig, die wahre Bedeutung allgemein gültiger Verhaltensstandards, Einstellungen und Werte zu verstehen. Vielleicht benutzen sie Wörter wie „Wahrheit" oder „Mitgefühl", ohne deren Sinn zu begreifen. Vermutlich fällt es ihnen auch schwer, mathematische Formeln nachzuvollziehen, die auf qualitativen und nicht auf quantitativen Werten beruhen, z. B. a + b = c.

Im Laufe seines achten Lebensjahrs wird für ein Kind die Welt größer – sowohl in seiner Vorstellung als auch in seiner Erfahrung. Mit seinem neuen Verständnis von Individualität einher geht die Entwicklung einer kreativen Beziehung zwischen den beiden Intelligenzsystemen – dem Kopf und dem Herzen. Dadurch verändert sich die Struktur der Informationsverarbeitung, die die Anschauungen eines Kindes prägt. Nun konstruiert es auf der Grundlage schöpferischer Ideen oder imaginierter Möglichkeiten sein Bild von der Welt. Schwierige intellektuelle Probleme betrachtet es als Herausforderung, nicht, wie bislang, als Anlass zur Frustration. Seine Vorstellungen vom eigenen Ich erweitern sich durch Interaktion mit der Familie, Freunden, Schulkameraden und der Gemeinde.

Die Sichtweisen sieben- bis zwölfjähriger Kinder verstehen

Die Persönlichkeit eines Kindes wird mit zunehmendem Alter durch seine Ansichten geformt. Diese Ansichten sind der Schlüssel zu seinem Sein, seinem Tun und zu seiner Zukunft. Jedoch gründet ein Kind seine Ansichten und sein Verhalten oft auf Vermutungen darüber, wie seine Eltern es sehen. Wenn es merkt, dass es jedes Mal kritisiert wird, wenn es bei einem Versuch, sich nützlich zu machen, Unordnung anrichtet, fühlt es sich unfähig. Vielleicht beginnt es sich selbst zu verurteilen, benimmt sich schlecht oder bekommt einen Wutanfall. Die Eltern sehen oft nur, dass sie ihr Kind lehren wollen, wie man etwas richtig macht. Da sie seinen Standpunkt nicht verstehen, reagiert es auf ihre ständige Frustration vielleicht mit Selbstverurteilung und irrationalem Verhalten. Auf diese Weise schaffen Eltern, ohne sich dessen bewusst zu sein, eine stressige Umgebung. Wenn sie versuchen, auf das Verhalten ihres Sprösslings einzuwirken, ohne ihn zu einer Perspektivänderung zu bewegen, wird er immer sturer und verwirrter werden und immer strenger urteilen.

Um ein Kind zu verstehen – unabhängig davon, wie alt es ist –, treten Sie einen Schritt zurück und betrachten Sie die Situation mit dessen Augen. Sehen Sie von Ihren vorgefassten Meinungen ab. Fragen Sie sich: „Wie sieht mein Kind diese Situation?" Hören Sie auf Ihre Intuition. Nur dann werden Sie erkennen, in welche Richtung Sie es steuern sollten. Ist ein Kind in seinem Herzen verankert, fällt es ihm leicht, seine Anschauungen zu ändern – sie sind nicht in Erz gegossen.

Sieben- bis zwölfjährige Kinder können ein tieferes Verständnis davon entwickeln, was es bedeutet, Herzenergie auszustrahlen. Erklären Sie ihm, dass Liebe in Form von Wärme vom Herzen ausstrahlt. Zum Vergleich eignet sich das Beispiel einer Glühbirne, die ja auch Licht und Wärme ausstrahlt, oder der Sonne, die die ganze Erde in Wärme taucht. Erklären Sie dem Kind, dass man Menschen besser verstehen kann, wenn man sie lieb hat. Schickt man jemandem Herzenswärme, zeigt das Herz einem ganz neue Möglichkeiten, mit diesem Menschen umzugehen oder ihm zu helfen. Üben Sie das gemeinsam mit Ihrem Kind, insbesondere wenn es Schwierigkeiten mit einer bestimmten Person hat und dieser Herzenswärme schicken möchte, damit sich neue Möglichkeiten auftun. Dann sprechen Sie über Ihrer beider Gefühle und Ideen. Erklären Sie dem Kind, dass die positiven neuen Gedanken Intuitionen sind, die von Herzen kommen. Diese leise, kleine Stimme des Herzens ist der beste Freund, den man im Leben finden kann.

Bei Kindern zwischen sieben und zwölf steht das Denken im Vordergrund. Eltern, die ihre Kinder aufmerksam beobachten, werden merken, dass diese sich abwechselnd Raum nehmen und zurückziehen. In der Rückzugsphase können selbst extrovertierte Kinder still und introvertiert sein. Nutzen die Eltern ihre Herzintelligenz und behalten immer im Hinterkopf, dass im Inneren ihrer Kinder subtile und komplexe Prozesse ablaufen, haben diese es gut. Kinder sammeln riesige Mengen an Information, Kenntnisse darüber, wie das Leben zu sehen ist.

Das Gefühl, zu jemandem zu gehören, und der Glaube an sich selbst sind unabdingbar für die gesunde Entwicklung eines Kindes. Charakteristischerweise beginnen Kinder sich zwischen sieben und zwölf von der Familie abzunabeln. Sie konzentrieren sich mehr auf ihre Freunde, sodass diese an Einfluss gewinnen. Das heißt aber nicht, dass die Eltern überflüssig geworden sind. Tatsächlich hat die Familie nach wie vor den stärksten Einfluss auf die innere Haltung eines Heranwachsenden. Freunde wirken auf Ausdrucksweise, Kleidung, Wortwahl und Einstellungen ein, auf letztere jedoch eher oberflächlich. Ein Kind, dessen Eltern ihm vorleben, dass man andere zu respektieren hat, lässt sich nicht so leicht zu Missachtung verleiten, die Freunde ihm vielleicht vormachen. Jedoch mag deren Haltung seine Ansichten färben. Gleichaltrige, die erwarten, dass ein Freund sich so verhält wie sie selbst sich verhalten, haben damit nicht selten Erfolg. Womöglich probiert ein Kind deshalb respektloses Verhalten aus, doch wenn ihm Herzensbildung vermittelt wurde, fühlt es sich unwohl dabei. Der daraus entstehende innere Konflikt zwingt es dazu, sich selbst zu korrigieren oder, wenn die Bestätigung durch die Freunde wichtiger wird, zu rebellieren. Heutzutage sind Altersgenossen häufig die wichtigsten und manchmal die einzigen Ansprechpartner eines Kindes. Wenn dem so ist, fehlt ihm der Umgang mit geistig und emotional reifen Menschen.

FREEZE-FRAME *für sieben- bis zwölfjährige Kinder*

Die Anstrengung, zu einem eigenen Ich zu finden, kann Kinder im Alter von sieben bis zwölf Jahren schier überwältigen. Das Herz unterstützt die Entwicklung der Fähigkeit, verantwortungsvolle, bewusste Entscheidungen zu treffen. Um dieses Ziel zu erreichen, können Kinder FREEZE-FRAME üben. Da sich ihr Drang zu verstehen, wie Dinge funktionieren, auch auf die FREEZE-FRAME-Übung erstreckt, werden sie deren Sinn und Zweck einsehen und die Technik selbständig anwenden können.

Es ist wichtig, Kinder darauf hinzuweisen, dass sie versuchen sollen, ihr Herz zu spüren, denn es ist leicht, die FREEZE-FRAME-Übung mechanisch aus dem Kopf zu machen, wenn man zornig, aufgebracht oder hektisch ist oder Streit hat. Dann erkläre ich, dass man bei FREEZE-FRAME vom Kopf auf das Herz umschaltet. Stellen Sie sich ein Blatt vor, das sanft vom Baum herabschwebt. Veranschaulichen Sie das durch eine Handbewegung vom Kopf zum Herzen. So ist es, wenn man vom Kopf auf das Herz umschaltet. Eine Visualisierung dieses Vorgangs ist für Kinder wichtig, weil sie ihre kinästhetischen und visuellen Lernmodalitäten anspricht. Manchmal eignet sich auch das Bild einer fallenden Schneeflocke.

Wenn Sie Ihrem Kind die FREEZE-FRAME-Technik beibringen wollen, sollten Sie zuerst die einzelnen Schritte mit ihm durchgehen und alle Fragen beantworten. Wählen Sie dazu eine ruhige Stunde, sprechen Sie mit ihm über Dinge, die ihm Probleme bereiten, und Dinge, die ihm am Herzen liegen.

Vorbereiten der FREEZE-FRAME-Übung für Sieben- bis Zwölfjährige

1. Schritt: Erklären Sie den Unterschied zwischen dem Kopf und dem Herzen. Erläutern Sie, dass man den Kopf einsetzt, um etwas auswendig zu lernen, zu lesen, zu rechnen und zu denken, und das Herz für Gefühle wie Fürsorglichkeit, Anerkennung, Spaß, Freude und Liebe zuständig ist. Ohne Herz zum Wohlfühlen und Genießen würde das Leben keinen Spaß machen.

2. Schritt: Bitten Sie Ihr Kind, Menschen, Orte und Dinge aufzuzählen (und eventuell auf einen Zettel zu schreiben), die ihm am Herzen liegen oder die es mag, wie Verwandte, Freunde, bestimmte Gerichte, Farben, Comicfiguren, Plätze, Filme. Das hilft Kindern zu sehen, dass sie eine Menge positiver Erfahrungen und Gefühle haben, aus denen sie schöpfen können.

3. Schritt: Bitten Sie Ihr Kind, die Dinge aufzulisten, die es an sich selbst und an seinem eigenen Leben schätzt. Helfen Sie ihm zu begreifen, dass das Gefühl der Anerkennung aus dem Herzen kommt.

4. Schritt: Erläutern Sie, dass FREEZE-FRAME uns ermöglicht, die Kraft des eigenen Herzens, die Kraft der Liebe, Fürsorglichkeit und Wertschätzung zu spüren.

Gewöhnlich führe ich noch zwei weitere vorbereitende Übungen durch. Ich frage das Kind, was es tut, wenn es sich aufregt oder wenn ihm jemand auf die Nerven geht. Ignoriert es dieses Verhalten, wird es wütend, sagt es der betreffenden Person, sie solle damit aufhören, oder zieht es sich zurück? Dann erkläre ich ihm, dass es außerdem noch bessere Lösungsmöglichkeiten gibt. Sie beruhen auf der Kraft des Herzens. FREEZE-FRAME ermöglicht uns, die Kraft des Herzens zu spüren und für uns arbeiten zu lassen.

Hat Ihr Kind die Technik einmal erlernt, können Sie ihm die Anwendung ans Herz legen, wenn es aufgebracht oder zornig ist. Sagen Sie z. B.:

„Es hört sich so an, als seist du zornig (gewesen), weil die Dinge nicht so gelaufen sind, wie du dir gewünscht hast. Lass uns die Freeze-Frame-Übung machen und uns auf unser Herz besinnen und schauen, ob es keine bessere Lösung gibt."

Anfangs braucht ein Kind eine gewisse Führung. Manchmal muss man es daran erinnern, dass es nicht richtig zuhört, seinen Gedanken nachhängt oder mit sich hadert. In solchen Situationen sage ich: „Dein Herz kann dir helfen, eine bessere Lösung zu finden. Lass uns danach suchen!" So helfe ich ihm zu erkennen, dass es unter Stress steht und eine Erholungspause braucht. Das ist der erste Schritt.

Dann sage ich:

„Jetzt können wir einander ganz entspannt zuhören. Ich weiß, dass du zornig bist. Mit Freeze-Frame kannst du dieses Gefühl loswerden und dich wirklich auf dein Herz konzentrieren. Leg deine Hand aufs Herz, und stell dir vor, du würdest mit dem Herzen atmen, dadurch kannst du es besser spüren. Das machen wir jetzt zehn Sekunden lang. Ich stoppe die Zeit."

Kinder mögen es, wenn man die Zeit stoppt. Es ist ein lustiges Spiel, das ihnen hilft, sich auf das Herz zu konzentrieren und bei der Freeze-Frame-Übung nicht zu mogeln.

Wenn es Zeit ist, zum dritten Schritt überzugehen, sage ich:

„Jetzt erinnere dich an eine Zeit, in der du richtig glücklich warst. Vielleicht warst du da mit deiner Mutter zusammen oder hast mit einem Freund oder einem Haustier gespielt. Freue dich zehn Sekunden lang daran. Wenn du magst, kannst du dabei die Augen schließen. Ich stoppe die Zeit."

Nach zehn Sekunden gehe ich zum vierten Schritt über und sage:

„Jetzt frage dein Herz um Rat, wie du besser mit deinem Problem umgehen kannst. Frage es, was dir und dem anderen helfen würde. Hör auf dein Herz (Pause). Was sagt dein Herz?"

Anschließend höre ich, was das Kind mir zu sagen hat. Es kann angebracht sein, seine Antwort laut zu wiederholen und zu fragen, ob man richtig verstanden hat. Dadurch fühlt es sich bestätigt. Hat sein Herz ihm einen angemessenen Rat gegeben, sagen Sie Ihrem Kind, dass Sie seine Idee für gut halten und ihm helfen wollen, sie umzusetzen. Halten Sie seinen Einfall für unangemessen, haken Sie nach, ob es ihn wirklich für umsetzbar hält und seiner Meinung nach damit allen tatsächlich am besten gedient ist. Lenken Sie Ihr Kind zu den aufrichtigen, echten Herzgefühlen. Dadurch verhelfen Sie ihm zu einem Verständnis seiner eigenen intuitiven Intelligenz. Bald wird es FREEZE-FRAME in allen Lebenslagen anwenden können.

Will ein älteres Kind ein achtjähriges zum Drogenkonsum verleiten, sagt das achtjährige nein, weil seine Eltern ihm gesagt haben, dass das die richtige Antwort ist. Ein zwölfjähriges Kind kann nein sagen, weil es die möglichen Konsequenzen einer positiven Antwort abschätzen kann. Kinder können Herzintelligenz entwickeln, um sich auf hypothetische Fragen zu konzentrieren, Wissen über Ursache und Wirkung zu erwerben und dadurch angemessene Antworten zu finden. Im Alter von sieben Jahren ist ein Kind in der Lage, die FREEZE-FRAME-Technik anzuwenden. Es kann lernen, Entscheidungen bewusst zu treffen und einen anderen als den bisherigen Standpunkt einzunehmen. Kindern gefällt das, denn es lässt sie ihre eigene Stärke spüren. Sie besinnen sich auf ihr Herz und denken über ihr Handeln und ihre Entscheidungsmöglichkeiten nach. An diesem Punkt ihrer Entwicklung vertiefen sie sich gern in ihre Gedanken. So wird FREEZE-FRAME zu einem lustigen Spiel.

Im Folgenden schildert der siebenjährige Blake seinen Umgang mit FREEZE-FRAME: „Ich liebe das Leben. Es gibt gar nichts, was ich nicht gut finde. Ich fühle mich wirklich gut, weil ich die

HEARTMATH – HERZINTELLIGENZ-Techniken erlernt habe. Gerade lerne ich FREEZE-FRAME. So kann ich besser in meinem Herzen verankert bleiben – montags z.B. fühle ich mich scheußlich, weil ich in die Schule muss. Ich stehe nicht gern früh auf, und es ist kalt morgens, aber ich möchte auch nicht ohne Schule leben – also mache ich die FREEZE-FRAME-Übung, und wenn ich mich auf mein Herz besinne, fällt es mir leichter, aufzustehen. Die Kinder, die ihr Herz nicht spüren, versuchen hart zu sein und andere zu schikanieren – das Leben macht ihnen keinen Spaß. Woher ich weiß, dass sie ihr Herz nicht spüren? Weil ich merke, dass sie sich nicht wirklich gut fühlen."

Kinder, die immer wieder fragen, ob die Party noch nicht anfange, obwohl Sie ihnen längst gesagt haben, sie beginne in zwei Stunden, und Kinder, die man daran erinnern muss, dass ein Schultag ist und nicht Wochenende, sind möglicherweise noch nicht reif genug, um in Sequenzen zu denken. Bis sie so weit sind, sollte man ihnen die Konsequenzen ihres Handelns aufzeigen. Beispielsweise: „An Schultagen musst du um halb acht aufstehen, damit du genügend Zeit hast, dich zu waschen, anzuziehen und zu frühstücken, und rechtzeitig aus dem Haus kommst, um den Schulbus um halb neun zu erwischen. Wenn du herumtrödelst, verpasst du den Bus."

Kinder können beschreiben, was gerade geschehen ist, aber es fällt ihnen schwer, ihre Entscheidungen zu erklären, solange sie emotional aufgewühlt sind. Mit sechs bis acht Jahren beginnen sie zu verstehen, worum es tatsächlich geht – dass nicht das Gefühl das Problem darstellt, sondern die Art und Weise, wie es ausgedrückt wird. Für eine gesunde emotionale Entwicklung ist es wichtig, sich seine Gefühle einzugestehen. Eltern können ihr Kind darin unterstützen, indem sie ihm Fragen stellen, die ihm helfen, die Lage richtig einzuschätzen. Die Lage richtig einzuschätzen bedeutet zu überlegen, wie eine Sache ausgehen sollte, und dann mit dem Herzen die Entscheidung zu treffen, die diesen Ausgang herbeiführt.

Die neunjährige Debbie war immer sehr frustriert, wenn ihr achtzehnjähriger Bruder Steve sie neckte. Einmal wurde sie so wütend, dass sie ihre Haarbürste nach ihm warf. Dabei ging ein kleines Fenster zu Bruch. Debbie wusste, dass ihr Vater wütend sein würde, und überlegte sich, was zu tun sei. Sie beschloss, ihn von der Bushaltestelle abzuholen, ihm auf dem Heimweg zu erzählen, was passiert war, und anzubieten, das Fenster von ihrem Taschengeld zu bezahlen. Ihr Vater hörte ihr ruhig zu und war mit dem Plan einverstanden. Debbie war mit ihrer Entscheidung zufrieden.

An die Stelle von Selbstdisziplin treten in diesem Alter selbständige Einschätzungen und Entscheidungen. Die Sichtweisen, die ein Kind nun entwickelt, machen es erforderlich, dass das Leben zunehmend mit Hilfe von Ideen bewältigt wird. Dadurch wird es fähig, eine Situation im Hinblick auf ihre praktische und moralische Angemessenheit zu beurteilen und auf der Basis dieser Einschätzung Entscheidungen zu treffen. Wer beim Eintritt in die mittlere Phase der Kindheit auf seinen gesunden Menschenverstand bauen kann, hat die Kraft, sich auf den Straßen des Lebens geschickt zu bewegen und gut zurechtzufinden.

Siebenjährige Kinder

Wollen Eltern sich ihrem siebenjährigen Kind gegenüber fürsorglich erweisen, zeigen sie ihm ihre Liebe und beobachten es aufmerksam. Sie leiten es mit Rücksicht auf sein neu erwachtes Unabhängigkeitsgefühl beim Treffen von Entscheidungen an, nehmen sie ihm aber nicht ab. Die nun erreichte Gehirnkapazität versetzt es in die Lage, sich selbst zu entdecken. Es wird in vielen Bereichen besser und stärker. Es hat recht hohe Ideale und Wertmaßstäbe. Ein siebenjähriges Kind lässt sich gern Zeit und denkt gern ungestört über Dinge nach. In seiner Launenhaftigkeit neigt es dazu, sich über alles Sorgen zu machen. Wenn seine Fragen zu seinen Ängsten nicht beantwortet werden, nimmt der Stress zu. Siebenjährige neigen dazu, Trübsal zu blasen und unglücklich zu sein. Machen Sie sich klar, dass Ihr Kind eine schwierige Entwick-

lungsphase durchläuft und nicht unbedingt blufft, wenn es belei-
digt ist. Lieben Sie es von Herzen, und reden Sie mit ihm. Seien
Sie verständnisvoll, und erlauben Sie ihm, Ihnen zu all seinen Sorgen Fragen zu stellen. Geben Sie ruhige, klare und umfassende
Antworten. Möglicherweise grübelt es darüber nach, dass es nicht
gut in der Schule ist, sein Freund es nicht mehr mag, sein Hemd
nicht rot ist, es ein Erdbeben geben könnte oder seine Eltern vielleicht nicht mehr genug Geld haben, um es zu ernähren.

Um Kindern dabei zu helfen, Angst und Sorgen loszuwerden,
führen Sie mit ihnen die ersten Schritte der HEART-LOCK-IN- oder
FREEZE-FRAME-Übung durch, damit sie ihr Herz spüren. Dann sagen Sie: „Jetzt machen wir einmal etwas anderes. Wir wollen die
Gefühle im Herzen ganz sanft zusammenrühren und mischen."
Gehen Sie die Sache langsam an. Sie können sagen: „Das Herz
spricht mit jedem auf seine ganz besondere Art. Vielleicht siehst
oder spürst du andere Farben oder Formen als sonst oder hast
neue Einfälle und Ideen. Wenn traurige Gefühle hochkommen,
tust du sie wieder in dein Herz und rührst sie um, wie man Farbe
umrührt. Das machen wir jetzt eine Zeit lang (Pause). Wenn du
dich dann besser fühlst, entspannst du dich und stellst dir vor,
dich im Herzen zu räkeln. Stell dir vor, du lägst entspannt in einem schönen, herzerwärmenden Bad."

Danach können Sie das Kind fragen, ob es Ihnen sagen möchte,
wie es sich jetzt fühlt, oder Ihnen die Einfälle, die ihm während
der Übung kamen, mitteilen möchte. Wenn es sich nicht gern verbal äußert, kann es seine Gefühle und Gedanken aufschreiben
oder aufmalen. Zeigen Sie immer, dass Sie seine Bemühungen und
seine Gefühlsäußerungen anerkennen und zu schätzen wissen. Das
hilft ihm, seine Gefühle zu respektieren. Dadurch wiederum kann
es sie besser verstehen, loslassen und im Leben weiterkommen.
Verhalten Sie sich dabei fürsorglich, aber nicht überbesorgt.

Achtjährige Kinder

Achtjährige verhalten sich ganz anders als Siebenjährige. Sie sind bereit, neue Ideen umzusetzen und die Herausforderungen des Lebens mit Feuereifer zu meistern. Ihre Kommunikationsfähigkeit und die Beziehungen zu anderen verbessern sich. Ihr Strahlen und ihr Eifer sind Merkmale neu gewonnener emotionaler Reife. Ein achtjähriges Kind kann schnell von einer Tätigkeit zur anderen übergehen und staunt über all seine Erfahrungen. Jetzt, wo es sein neues Selbstverständnis ausdrücken kann, erscheint ihm alles neu und einmalig. Es ist gern in Gesellschaft Erwachsener und möchte herausfinden, wie diese – insbesondere seine Eltern – sich mitteilen.

Wenn ein achtjähriges Kind frustriert ist, kann es in all seinem Überschwang richtig wütend werden. Hat es sich beruhigt, helfen Sie ihm, sich wieder auf sein Herz zu besinnen, und sprechen Sie mit ihm von Herz zu Herz. Erklären Sie ihm, wie man Gefühle auf andere Art ausdrücken kann. Es ist ständig auf der Suche nach besseren Ausdrucksmöglichkeiten. Lob und Anerkennung, die von Herzen kommen, sind einem achtjährigen Kind sehr willkommen, denn es gibt sich oft aufrichtig Mühe. Honorieren Sie seine Flexibilität und seinen guten Willen, sich der elterlichen Anerkennung wegen zu ändern. Es hat gern Spaß und geht gern aus sich heraus, deshalb braucht es Platz zum Spielen und Laufen. Sorgen Sie dafür, dass es an einem sicheren Ort draußen spielen kann. Diese Zeit kann für Eltern und Kinder sehr bereichernd sein und viel Freude bereiten.

Neunjährige Kinder

Ein neunjähriges Kind nimmt sich aus tiefstem Herzen ernst. Es scheint regelrecht nach Herausforderungen zu verlangen, und es sollte ihm Verantwortung übertragen werden. Es ist Aufgabe der Eltern, mit Hilfe ihrer Intuition die seinem Reifegrad entsprechenden Aufgaben herauszufinden. Ihr Kind ist so sehr darauf fixiert, seine Fähigkeiten zu vervollkommnen, dass es dieselbe Aufgabe immer wieder erledigt. Für eine Neunjährige mit ihrer ungeheuren Entschlossenheit ist Perfektionierung ein wichtiges Anliegen. Helfen Sie ihr, im Herzen verankert zu bleiben und so ihr Gleichgewicht aufrechtzuerhalten; beschränkt sie sich auf die Kopfperspektive, wird sie sich und andere wahrscheinlich verurteilen. Da sie eine ganz neue Urteilskraft entwickelt hat, sieht sie bestimmte Verhaltensweisen womöglich höchst kritisch. Wird sie vom Kopf gesteuert, ist sie auf ihre Sorgen und Leiden fixiert. Geben Sie ihr zu Hause Spiele, die ihr Spaß machen, und unterstützen Sie sie beim Üben von FREEZE-FRAME, damit sie Herzenskraft entwickelt. Sie wird sich eifrig darum bemühen.

Der Begriff „Freundschaft" steht für ein neunjähriges Kind im Zentrum seines Lebens. Es ist ein beständiger und treuer Spielkamerad. Andere Menschen liegen ihm wirklich am Herzen, und es kann vorkommen, dass es sich dafür verantwortlich fühlt, Gefühle von jemandem verletzt zu haben. Es liebt lange Gespräche von Herz zu Herz mit Freunden und Eltern und äußert sich dabei zu allen erdenklichen Themen. Reden Sie mit ihm, und tragen Sie dazu bei, dass es sich verstanden fühlt. Die HEARTMATH – HERZINTELLIGENZ-Methoden helfen Ihnen und Ihrem Kind, eventuell vorhandene Kommunikationslücken zu schließen.

Zehnjährige Kinder

Ein Kind von zehn Jahren liebt seine Eltern aufrichtig. Das Leben macht ihm Spaß, und es nimmt liebend gern an Familienaktivitäten teil. Wenn es sich selbstsicher fühlt, akzeptiert es meist auch alle anderen. Es sucht keinen Streit, nur um sich auszudrücken und weiterzuentwickeln. Es scheint die Schule, seine Freunde, Familienausflüge, die Großeltern und seine Haustiere zu lieben. Laufen, Tanzen und alle anderen körperlichen Aktivitäten machen Kindern dieses Alters einen Heidenspaß. Halten sie sich drinnen auf, sehen sie gerne fern, hören Musik, machen Videospiele, beschäftigen sich mit kniffligen Brettspielen, Rätseln, Puppen, Modellen, Malen, Lesen und helfen den Eltern gern.

Solange es in seinem Herzen verankert ist, verlaufen die Beziehungen und Interaktionen eines Zehnjährigen reibungslos, und es ist umgänglich. Sieht er das Leben nur aus der Perspektive des Kopfes, kann er sich über andere maßlos aufregen. Es kann vorkommen, dass er schreit und brüllt, dem Stuhl einen Tritt versetzt oder beim Hinausgehen die Tür zuknallt. Im Allgemeinen fällt er seine Urteile nicht verbal, da er selbst auf Urteile und Witzeleien anderer äußerst empfindlich reagiert. Wenn er sich auf sein Herz besinnt, sollten seine Eltern seinen aufrichtigen Wunsch, alles gut zu machen, anerkennen. Oft sagt ihm seine Herzintelligenz, ob er im Recht oder Unrecht ist, aber sein Gewissen verlangt nach einer Bestätigung durch die Eltern. Diese müssen ihrem Kind helfen, seinen eigenen Wert zu erkennen.

Elfjährige Kinder

Elfjährige benehmen sich oft wie kleine Teenager und sind es streng genommen ja auch. Sie widersprechen ihren Eltern im Kleinen und im Großen. Diese Rebellion gegen Eltern, Lehrer und andere Autoritätspersonen ist Zeichen eines Entwicklungsprozesses. Das Kind versucht, sich in einer Welt zurechtzufinden, die sich ebenso schnell verändert wie es selbst. Vielleicht fällt es ihm schwer, sich zwischen den Werten der Eltern und denen Gleichaltriger zu entscheiden.

Bei Elfjährigen beginnt sich allmählich das Ego herauszukristallisieren, deshalb muss man sich auf ein gewisses Maß an Unbeholfenheit, Widerspruchsgeist und Sturheit gefasst machen. Kinder dieses Alters wissen oft nicht, ob ihre Entscheidungen richtig oder falsch sind. Wenden sie die HEARTMATH – HERZINTELLIGENZ-Techniken an und lernen, mit dem Herzen zu verstehen, gelingen ihnen mehr intelligente Entscheidungen als zuvor. Diese prägen die Ich-Identität bzw. die geistige Identität. Hat es Zugang zu seiner

Herzintelligenz, ergreift ein Kind dieses Alters oft die Gelegenheit, auf seine innere Stimme zu hören oder die Eltern um Rat zu fragen. Sein Gefühlsleben wird reicher, und die Hormone fließen.

Elfjährige aus einem gewissen Abstand heraus zu lieben trägt dazu bei, die verbale Kommunikation mit ihnen zu entschärfen. Je weniger sie anecken, desto weniger ist man mit Trotz, Lügen, Streit, oder Kämpfen konfrontiert. Wenn Sie mit ihnen reden, senden Sie ihnen Liebe, denn eine liebevolle Atmosphäre wird ihnen das Lügen und Krachschlagen erschweren. Kinder sind bereit, sich Hilfe zu holen, wenn sie sich grundsätzlich verstanden und respektiert fühlen. Hören Sie gut zu, wenn sie Ihnen über die Dinge berichten, die ihnen Stress bereiten, und helfen Sie ihnen, die Zusammenhänge zu begreifen. In diesem schwierigen Alter brauchen sie Ihr Verständnis.

Zwölfjährige Kinder

Typischerweise zieht ein zwölfjähriges Kind sich in sich selbst zurück, um Sicherheit zu finden. Die Eltern finden es in diesem Alter erträglicher und freundlicher als vorher. Zwölfjährige sind dabei, ihre emotionale, geistige und körperliche Identität zu entwickeln. Als letzte Etappe des zerebralen Entwicklungsprozesses beginnt das Stirnhirn sich zu entwickeln. Dieser Teil des Gehirns prüft, was für das kollektive Ganze und für den Einzelnen am besten ist. Auch mathematische Bezüge zwischen Teil und Ganzem werden vom Stirnhirn hergestellt. Sind andere Entwicklungsstadien noch nicht abgeschlossen, kann das Wachstum des Stirnhirns sich verzögern. Kinder, die die vorausgehenden Entwicklungsstufen gemeistert haben, können jetzt die mathematischen Gesetze der Wahrscheinlichkeit und Geometrie verstehen und deren lebenspraktische Bedeutung erkennen. Sie begreifen intuitiv, was die Chaostheorie besagt – dass dem Chaos eine Ordnung und ein Sinn zugrunde liegen. Deshalb fühlen sie sich sicherer.

Ein Kind von zwölf Jahren erlebt große innere Umwälzungen. Emotional gesehen ist es ruhiger als vorher, geht auf Abstand und beobachtet, bereitet sich auf die Pubertät vor. Bei Mädchen erwacht das Interesse an Jungen, diese aber fühlen sich davon genervt. Beide beginnen Informationen und Fakten über das andere Geschlecht zu sammeln. Freunde sind wichtig, weil sie ein Gefühl von Wertschätzung und Abenteuer vermitteln. Im Allgemeinen löst das Leben an sich in Zwölfjährigen heftige Gefühle aus. Sie schöpfen neue Hoffnung, wenn sie mit dem Herzen zu sehen lernen.

Ist ein Kind in diesem Alter fähig, sein Leben so zu gestalten, dass es später ohne Stress durch die Pubertät kommt und sich seine kindliche Unbefangenheit bewahren kann? Wenn es kreative Flexibilität entwickelt hat, wird es eine solche Herausforderung nur als eine von vielen Wellen betrachten, die das Leben schlägt. Die Herzintelligenz ist wichtig, um diese Zeit der Veränderungen gut zu überstehen und daran zu wachsen. Teenager, die keine Herzintelligenz entwickelt haben, fühlen sich demgegenüber unsicher, es mangelt ihnen an Hoffnung, und sie neigen zu einer pessimistischen Lebensanschauung.

Durch das zunehmende Vertrauen in die Herzintelligenz entsteht das Gefühl, dass man sich auf sich selbst verlassen kann. Daraus entwickelt sich ein stabiles Selbstwertgefühl, das als Puffer gegen Stressfaktoren und gesellschaftlichen Druck wirkt. Wenn Eltern ihr Kind weise erzogen haben, wird es seine Erfahrungen mit Altersgenossen, Schule und Gesellschaft ohne allzu viel Stress bewältigen und höchstwahrscheinlich nach Hause zurückkehren. Stellen Sie fest, dass es bereits Entscheidungen zu treffen vermag, die von Reife zeugen, können Sie wesentlich ruhiger bleiben, wenn es täglich das Haus verlässt. Um die Entwicklung dieser Reife zu fördern, lieben und beobachten Sie Ihr Kind, das gerade das Leben erforscht, aus einem gewissen Abstand heraus. Ist es zu Hause, hören Sie ihm gut zu und sprechen Sie aufrichtig mit ihm.

Üben Sie das intuitive Zuhören, wie in Kapitel 7 beschrieben, um gute und effektive Antworten geben zu können. Hören Sie allen Menschen, auch Ihren Kindern, so gut zu, wie Sie selbst es sich von anderen wünschen. Das verschafft Ihnen mehr Respekt. Sie müssen dem Gesagten nicht zustimmen, warten Sie einfach ab, bis Ihr Kind ausgesprochen hat, so fühlt es sich gehört. Oft finden Kinder eigene Antworten und Lösungen allein dadurch, dass sie aufrichtig auf ihr Herz lauschen. Intuitiv zuhören heißt fürsorglich handeln.

Die Zeit vor dem Zubettgehen ist oft die beste Zeit für ein friedliches Gespräch mit der ganzen Familie. Dann können wichtige Fragen in Ruhe besprochen und intuitives Zuhören oder andere HEARTMATH – HERZINTELLIGENZ-Techniken geübt und Erkenntnisse ausgetauscht werden.

Kapitel 10

Die Entwicklung zum Jugendlichen

Bis in die sechziger Jahre hielt man die Pubertät für keinen allzu stressigen Lebensabschnitt. Doch heutzutage müssen Jugendliche damit fertig werden, dass das Erwachsenwerden in einer schnelllebigen Zeit ganz andere Gefühle als damals hervorruft. Es fällt ihnen schwer, sich über Wasser zu halten. Das Ich befindet sich in einem Zustand der Veränderung. Dieses Ich umfasst Selbstbilder, Gefühle, Vorstellungen, Gedanken, Erfahrungen und Beziehungen, aus denen man seine Identität ableitet. Wenn man sich selbst und seine Gedanken nicht aus der Herzperspektive reflektiert, wird das Ich-Bewusstsein unterdrückt. Die DNS-Matrize des Pubertierenden, sein biologischer Plan, sagt ihm, dass er sich in Bezug auf die Altersgenossen und die Gesellschaft definieren muss.

Zwischen dem 13. und dem 19. Lebensjahr sind Jugendliche mit ungewohnten Gefühlen und spontanen Gedanken konfrontiert und erleben starke körperliche Veränderungen. Ihr Körper produziert riesige Mengen an Hormonen. Die Emotionen kochen über, meist ist die Stimmung schlecht. Ständigen Verunsicherungen ausgesetzt, müssen Jugendliche ihre Identität noch einmal ganz neu überprüfen. Haben sie nicht gelernt, konstruktiv mit ihren Gefühlen umzugehen, sind sie ihren Emotionen vollkommen ausgeliefert und erleiden abwechselnd Anfälle von Wut und Depression. Die emotionalen Wirren machen sie anfällig für Suchtverhalten, Ess-Störungen und lassen sie auf Konfrontationskurs gehen.

Bei einer Umfrage in einer High School gaben mehr als 75 Prozent der Schüler an, sie hätten jede Woche und oft sogar jeden Tag Stress. In den USA stehen Schüler in vieler Hinsicht unter Druck: Schule, Freunde, Sport und Arbeit wollen vereinbart sein. Im Rahmen einer Studie berichteten 17 Prozent der Mädchen und zehn Prozent der Jungen, sie hätten im Monat vorher so sehr unter Anstrengung, Stress und Druck gelitten, dass es fast nicht auszuhalten gewesen wäre. Wissenschaftliche Forschungen zeigen, dass lang anhaltender Stress den Alterungsprozess der Gehirnzellen beschleunigen kann und zu Lern- und Gedächtnisstörungen führt. Häufen sich die Stressperioden, kommt es zu Entwicklungsverzögerungen und -störungen. Andere Studien weisen darauf hin, dass die Wahrscheinlichkeit, Herzkrankheiten zu entwickeln und an Herzstillstand zu sterben, bei aggressiven Jugendlichen zehnmal höher ist als bei Erwachsenen.[13]

Jugendliche in der Statistik

Zieht man weitere Statistiken heran, wird deutlich, welchem Druck Kinder ausgesetzt sind. Die häufigste Todesursache US-amerikanischer Jugendlicher sind Autounfälle. Insgesamt wurden bei 33 Prozent der Fahrer im Alter zwischen 16 und 20 Jahren, die im Jahr 1994 bei Autounfällen den Tod fanden, erschreckend hohe Blutalkoholwerte festgestellt. Mehr als ein Drittel der amerikanischen Teenager trinkt jede Woche Alkohol; fast eine halbe Million macht gern einen drauf und konsumiert durchschnittlich 15 Drinks pro Woche. Noch während der Arbeit an diesem Kapitel meldete der Fernsehsender *ABC*: „In den vergangenen zwei Wochen tranken 38 Prozent der Jugendlichen fünf oder mehr alkoholische Getränke bei einer einzigen Gelegenheit."

Selbstmord ist die zweithäufigste Todesursache von Menschen zwischen 15 und 24 Jahren. Fachleute stellten fest, dass auf jeden Selbstmord zwischen 300 und 350 Fälle versuchter Selbsttötung kommen und dass 60 Prozent aller Oberstufenschüler berichten, sie hätten schon an Selbstmord gedacht. Mädchen versuchen vierbis fünfmal so oft wie Jungen, sich umzubringen, doch enden deren Versuche weit häufiger tödlich. Die meisten jugendlichen Selbstmörder töten sich nicht wegen eines bestimmten Ereignisses, sondern aufgrund von aufgestauten Frustrationen und Depressionen. Anhand von Studien wird deutlich, dass Jugendliche in erster Linie durch den Druck von Altersgenossen in Depressionen verfallen. Ich nenne das „Teen-Impuls", eine Kraft, die Kinder dazu treibt, sich so zu verhalten wie ihre gleichaltrigen Freunde. Bei 18 – 22 Prozent der Jugendlichen können in der Pubertät Angstzustände, Depressionen oder Schizophrenie diagnostiziert werden.

Die dritthäufigste Todesursache amerikanischer Teenager ist Mord. Zwischen 1986 und 1992 stieg die Zahl der Mordopfer in den USA um 67 Prozent. Die Zahl der Jugendlichen, die Altersgenossen töteten, stieg um 85 Prozent. In einem von vier Fällen waren Schusswaffen benutzt worden. Die Zahl von Kindern unter zehn Jahren, die aufgrund gewalttätiger Verbrechen verhaftet wurden, stieg sprunghaft auf 50 Prozent – und steigt noch immer. Heutzutage sterben mehr Teenager infolge von Gewalttaten als durch Krankheiten!

Doch können uns diese Statistiken wirklich überraschen, wenn wir bedenken, dass laut einer weiteren Umfrage jeder fünfte Teenager im Monat vorher noch nicht einmal ein zehnminütiges Gespräch mit seinen Eltern geführt hatte? Die Zerstörung familiärer Bindungen in den letzten Jahrzehnten ist in der Geschichte der USA und wahrscheinlich weltweit ohne Parallele. 1994 veranlassten die *New York Times* und *CBS News* eine amerikaweite Umfrage unter Teenagern. Viele der Befragten gaben an, sie könnten über ihre Sorgen und Kümmernisse nicht mit ihren Eltern oder anderen Erwachsenen sprechen. Vier von zehn sagten, die Eltern nähmen sich kaum oder selten Zeit, ihnen zu helfen, und viele andere äußerten, die Menschen, denen sie sowohl mit Vertrauen als auch mit Furcht begegneten, seien andere Jugendliche. Die charakteristische Antwort eines Sechzehnjährigen lautete: „Selbst wenn meine Eltern zu Hause sind, ist es, als wären sie gar nicht da, weil sie keine Zeit haben." Mehr als 50 Prozent der Jugendlichen, die gemeinsam mit ihrer Familie essen, sagen, dass während der Mahlzeiten der Fernseher läuft und dass beim Essen keine Unterhaltung zustande kommt.

Den Eltern mag es so vorkommen, als interessiere sich ihr jugendliches Kind nicht mehr für sie. Und doch zeigen Umfragen, dass sie selbst auf Pubertierende wichtigen Einfluss nehmen. Intuitives Zuhören kann ihnen diese Einflussnahme sehr erleichtern. Den Jugendlichen liegt sehr viel an der Meinung ihrer Eltern. Bei einer *Reader's-Digest*-Umfrage unter High-School-Absolventen kam man zu dem Schluss, dass Schüler aus stabilen Familien in der Schule erfolgreicher sind als andere. Jugendliche wollen geschätzt und respektiert werden. Sind die Eltern nicht anwesend oder haben keine Zeit für sie, suchen sie Bestätigung bei ihren Altersgenossen.

Jugendliche suchen nach sinnvollen Bezugsrahmen. Um sich selbst zu finden, müssen sie Schritt für Schritt in Erfahrung bringen, mit welchem Standpunkt sie sich identifizieren können. Als Eltern müssen Sie deshalb darauf gefasst sein, dass Ihr Sohn oder Ihre Tochter Ihnen Fragen stellt, Ihre Antworten anzweifelt und neue, eigene Ideen ausprobiert. Auch wenn sie alles anzweifeln und ständig rebellieren, sehnen Jugendliche sich nach Anerkennung. Sie wollen dauernd bestätigt werden. Manche von ihnen widerstehen dem „Teen-Impuls" ohne Mühe, aber bei den meisten ist das nicht der Fall. Machen Sie sich klar, dass Jugendliche enorme körperliche und psychische Veränderungen durchmachen, und das in einer Gesellschaft, die sich ebenfalls extrem schnell verändert. Sie wissen nicht, was sie denken oder fühlen sollen.

Da ihre Gefühle von zahlreichen hormonellen Schwankungen beeinflusst werden, müssen Jugendliche von Neuem zwischen echten Herzgefühlen und anderen Emotionen unterscheiden lernen. Ob sie dazu in der Lage sind, hängt davon ab, welche Werte sie als Kinder verinnerlicht haben. Die meisten Teenager sind sich über die Konsequenzen ihrer Handlungen klar. Wegen des Durcheinanders in ihrem Hormonhaushalt lässt sie ihr gesunder Menschenverstand vielleicht im Stich oder sie fallen in Verhaltensweisen zurück, die ihre Eltern längst für überwunden hielten. Ein Kind, das im Alter von neun Jahren begriffen hatte, was Güte bedeutet, kann mit dreizehn durchaus unhöflich und unverschämt werden. Wenn es die Folgen davon erfahren hat und dann in seinem Herzen nach intuitivem Verständnis sucht, erinnert es sich daran, welche Güte und Fürsorglichkeit ihm während seiner Kindheit entgegengebracht wurden, und ändert sein Verhalten schließlich. Allerdings haben Jugendliche, die unter Stress stehen oder ihr Herz verschlossen haben, oft keinen Zugang zu ihrer Intuition. Wenn man sie ablehnt, fliehen oder kämpfen sie, ziehen sich in eine Depression zurück oder reagieren aggressiv. In einer Gesellschaft, die Kindern Stress als etwas Normales vorlebt und wenig Hoffnung für die Zukunft bietet, fühlen viele Jugendliche sich vernachlässigt und kümmern sich infolgedessen selbst um nichts und niemanden. Und doch suchen sie nach Fürsorglichkeit und Liebe. So sagt eine dreizehnjährige Mutter: „Angeblich sind Kinder die Hoffnungsträger der Zukunft; wir haben nicht viel Hoffnung für unsere eigene Zukunft, deshalb haben wir Babys, die wir lieben können."

Was sehen Kinder, wenn sie sich ihre Zukunft vorstellen? Druck und Stress. Man sucht sich eine Arbeit oder geht auf die Uni, ist konfrontiert mit einem unsicheren Arbeitsmarkt, Rechnungsstapeln, immer mehr Verantwortung und bröckelnden Beziehungen. Aus diesem Blickwinkel sehen Jugendliche oft nur Mühsal und Stress.

Vernünftige Lösungen

Wenn ihre Kinder in die Pubertät kommen, schütteln die meisten Eltern verzweifelt den Kopf. Wie schon gesagt, haben sowohl Kinder als auch Eltern das Gefühl, dass der jeweils andere ihnen nicht zuhört. Also geht man auf Abstand. Wenn die Wogen der Emotionen hochschlagen, scheint jede Liebesmüh vergebens. Kann die HEARTMATH – HERZINTELLIGENZ-Technik wirklich aus dieser

Sackgasse herausführen? Jugendliche erleben Stimmungsschwankungen, Unsicherheit in allen Lebenslagen, die Tränen fließen in Strömen, ihre Empfindlichkeit wächst, sie geraten oft mit anderen aneinander. Wie sicher oder unsicher Teenager sich fühlen, hängt von ihren Charaktereigenschaften, ihrer Lebenserfahrung, dem familiären Umfeld und dem „Teen-Impuls" ab. Ein Jugendlicher, der Zugang zur Herzintelligenz hat, vernünftig ist und kommunizieren kann, übersteht diese Jahre mit relativ wenig innerem Aufruhr und wenig Stress. Die Anwendung der HEARTMATH – HERZINTELLIGENZ-Techniken hilft, das Hormonsystem auszubalancieren, Erfüllung zu erleben und Warmherzigkeit zu entwickeln. Das hat zur Folge, dass sich sowohl Eltern als auch Jugendliche wieder erholen. Es ist ganz entscheidend, ob Jugendliche sich während dieser schwierigen Zeit über den Unterschied zwischen echter Fürsorglichkeit, Überbesorgtheit und Gleichgültigkeit bewusst sind.

Teenager brauchen psychisch stabile, aufrichtige und gewissenhafte Eltern. Sie brauchen Liebe und Fürsorge, damit sie die Mauern der Verwirrung überwinden können, die die Gesellschaft errichtet hat. Haben Eltern das erst einmal erkannt, besteht ihre wichtigste Aufgabe darin, ihren Kindern ein Sicherheitsgefühl zu vermitteln, das der Verunsicherung entgegenwirkt. Dadurch kommt ein Reifungsprozess in Gang.

Durch eine tiefe Beziehung zu einem ausgeglichenen, fürsorglichen Erwachsenen kann ein Teenager sich über Zielrichtungen klar werden. Sie erfüllt seinen Wunsch nach Anerkennung und Liebe. Echte Fürsorglichkeit ist in stressigen Zeiten eine Kraftquelle. Häufig gleicht sie das Gefühl aus, im Chaos allein gelassen zu werden. Wenn man eine Beziehung zu Teenagern aufbaut, in der Anerkennung und Freundlichkeit im Vordergrund stehen, erhöht man die Chance, dass sie die Wertmaßstäbe des Herzens wirklich respektieren. Ein Jugendlicher, der aus früheren Erfahrungen Selbstvertrauen geschöpft hat, ist viel weniger anfällig für den „Teen-Impuls" als ein Jugendlicher, der zweifelt. Teenager, die wissen, dass sie geliebt und geschätzt werden, haben es nicht nötig, in ihrer Umgebung nach Sicherheit zu suchen.

Die HEARTMATH – HERZINTELLIGENZ-Techniken vermitteln sowohl Eltern als auch Jugendlichen das Wissen, wie man sich emotional sammelt, um effektive Entscheidungen treffen zu können. Zeigen Sie Ihrem Kind, wie man von übertriebener Sorge ablässt, und kehren Sie zur echten Fürsorglichkeit gegenüber sich selbst und Ihren Kindern zurück. HEARTMATH – HERZINTELLIGENZ hilft Teenagern bei der Entwicklung neuer Sichtweisen und ermöglicht ihnen, sich selbst über weit reichende Konsequenzen von Gefühlen und Handlungen klar zu werden. Sie werden ihre Energien nutzen und ihrer Zukunft mit Freude und Gelassenheit entgegensehen. Sie werden erkennen, dass sie eine Wahl haben.

Wenn man die HEARTMATH – HERZINTELLIGENZ-Techniken mit zwölf- bis neunzehnjährigen Kindern bespricht, sollte man auch erwähnen, wie Hormone unsere Stimmungen und unser Verhalten beeinflussen. Erklären Sie, dass HEARTMATH – HERZINTELLIGENZ Teenagern (und Erwachsenen) hilft, auch Phasen starker Stimmungsschwankungen relativ ausgeglichen zu überstehen. Mit Hilfe der Herzintelligenz können sie die Pubertät ohne allzu viel Stress und mit mehr Spaß hinter sich bringen. Besprechen Sie die Themen „Fürsorglichkeit" und „Überbesorgtheit" und Situationen, in denen sich Ihre Fürsorglichkeit in übertriebene Sorge verkehrte. Ihr Kind kann Ihnen mit Leichtigkeit zeigen, in welchen Situationen Sie überbesorgt reagieren, und darf vielleicht sogar äußern: „Ich habe dir doch gesagt, dass du dir zu viele Sorgen machst." Helfen Sie ihm herauszufinden, wann es selbst mit übertriebener Sorge oder Angst reagiert, woran es verzweifelt und wann es sich erschöpft fühlt. Fragen Sie es, ob es jemanden gibt, der ihm viel bedeutet, eine Person, die wirklich fürsorglich ist, ohne überbesorgt zu sein. Finden Sie mit ihm heraus, welche Eigenschaften diese Person hat. Und erzählen Sie ihm unbedingt, wie FREEZE-FRAME Ihnen selbst geholfen hat. Üben Sie die einzelnen Schritte der FREEZE-FRAME-Technik gemeinsam. Bringen Sie Ihrem Kind bei, wie es erkennen kann, ob es in übertriebene Sorge verfallen ist.

Ermutigen Sie es, die FREEZE-FRAME-Übungen zu machen, bis es sich erleichtert fühlt, Klarheit erlangt hat und das Gefühl der Sicherheit zurückkehrt. Regen Sie es an, auf seine Herzintelligenz zu hören und sich darüber klar zu werden, wie sich echte Fürsorglichkeit äußern würde. Wenn Teenager von ihrer übertriebenen Sorge ablassen, wird eine Menge Energie frei, mit der sie ihre Fürsorglichkeit leben und ihrer Vernunft folgen können. Sie wünschen sich leidenschaftlich, das Beste aus sich zu machen. Sprechen Sie über das Potential echter Fürsorglichkeit, darüber, wie man sich fühlt, wenn man an das Wohlergehen anderer denkt, und wie es einem geht, wenn man in Überbesorgtheit verfällt, das Herz abschaltet und einem alles gleichgültig wird. Helfen Sie Ihrem Kind, sich mit der Kraft der Fürgsorglichkeit, die aus dem Herzen kommt, ein inneres Wertesystem aufzubauen.

Dreizehnjährige

Dreizehnjährige behalten ihre Gefühle für sich und ziehen sich von einem Augenblick auf den anderen von der Außenwelt zurück. Oft halten sie sich aus Unsicherheit in Bezug auf sich selbst, andere Menschen und das Leben im Allgemeinen allein in ihrem Zimmer auf. Das Selbstbewusstsein, das sie einmal besaßen, ist verschwunden, und nun sind sie zu unsicher, um ihr verletzliches Ich zu zeigen. Ein dreizehnjähriges Kind kreist mit seinen Gedanken ständig um sich selbst, seinen Körper und das Bild, das es abgibt. Wenn es der Kopfperspektive verhaftet ist, ist es verzweifelt und hat das Gefühl, alles würde immer schlimmer. Teenager grübeln oft darüber nach, dass ihren Eltern nicht genug an ihnen liegt, dass die Eltern nicht richtig zuhören oder nicht genügend Verständnis zeigen. Denken Sie daran, dass Dreizehnjährige auf der Suche nach sich selbst sind und sich deshalb zu Hause manchmal sehr abkapseln. Wenn sie sich auf ihr Herz besinnen, macht der Selbstfindungsprozess ihnen offenbar Freude. Sie empfinden die Herausforderungen des Lebens als Aufgaben, die sie kreativ angehen müssen, nicht als Stress.

Bringen Sie Ihrem Teenager die HEART-LOCK-IN-Technik bei (vgl. Kap. 1). Helfen Sie ihm, sich darüber klar zu werden, wie positiv sich Liebe auswirken kann, wie man mit ihrer Hilfe schlechte Stimmungen überwindet und sich selbst schätzen lernt. Erklären Sie ihm, warum man mit sich selbst im Reinen sein muss, bevor man andere wirklich lieben kann. Wenn ein Teenager ein Kommunikationsproblem oder ein anderes Problem mit einem Freund, Lehrer oder den Eltern hat, schlagen Sie ihm vor, sich fünf Minuten Zeit für die HEART-LOCK-IN-Übung zu nehmen. Bieten Sie ihm an, die Übung mit ihm gemeinsam zu machen. Beobachten Sie aufmerksam, ob sich Ihrer beider Stimmung verbessert, ein neues intuitives Verständnis zwischen Ihnen entsteht und Ihre Beziehung sich verändert, wenn Sie einander Liebe senden. Besprechen Sie die Ergebnisse des HEART LOCK-IN mit Ihrem Kind.

Freunde sind für einen dreizehnjährigen Teenager, der sich gerade ins Leben stürzt, enorm wichtig. Die Anziehungskraft des anderen Geschlechts wächst, Gespräche, Verabredungen und Feten sind bevorzugte Vergnügungen. Dreizehnjährige halten es in der Schule relativ gut aus, denn dort gibt es keine Eltern. Mit den Lehrern hat diese Akzeptanz wenig zu tun.

Dreizehnjährige streiten immer wieder mit den Eltern, um das zu bekommen, was sie wollen oder ihnen wünschenswert erscheint. Aus ihrer Sicht sind ihre Wünsche durchaus gerechtfertigt. Oft kommen sie den Forderungen der Eltern nach, weil sie glauben, es zu müssen, eigentlich fühlen sie sich aber missverstanden. Sprechen Sie mit ihnen, lieben Sie sie; wirken Sie auf ihr Gewissen ein, das jetzt ein erkennbarer Teil ihrer Identität geworden ist. In einer liebevollen und sicheren Umgebung wollen Dreizehnjährige die Wahrheit sagen und tun das auch, manchmal gebrauchen sie aber auch eine Notlüge, um ihr eigenes oder das Gesicht anderer zu wahren. Denken Sie daran, dass dieses Lebensjahr eine große Herausforderung im Selbstfindungsprozess darstellt. Machen Sie Ihrem Kind in dieser Zeit der Selbstentfaltung Mut!

Vierzehnjährige

Vierzehnjährige gehen mehr aus sich heraus als Dreizehnjährige, deshalb ist es viel leichter, mit ihnen zu kommunizieren. Sie lieben Aktivitäten, Freunde, Sport und Vereine. Vierzehn ist ein ausgezeichnetes Alter, um die FREEZE-FRAME-Technik zu erlernen oder wieder zu erlernen. Vermitteln Sie die Technik, indem Sie die Anleitungen für Kinder im Alter von sieben bis zwölf (Kap. 9) und die Anleitungen für Erwachsene (Kap. 3) kombinieren. Lesen Sie gemeinsam ein paar Abschnitte über FREEZE-FRAME. Sprechen Sie über die wissenschaftlichen Grundlagen der Methode und darüber, in welchen Bereichen ihre Anwendung für die ganze Familie nutzbringend wäre. Schildern Sie Ihrer Tochter oder Ihrem Sohn auch, wie die Methode Ihnen selbst geholfen hat. Seien Sie ehrlich. Teenager schätzen es, wenn man offen und ehrlich mit ihnen spricht. Machen Sie zusammen einen Plan, wie und wo Sie beide mit der Methode experimentieren können, um herauszufinden, ob sie hilft. Wenden Sie sie an, wenn Ihre Kreativität gefordert ist, nicht nur in Stress-Situationen. Kommen Sie überein, einander immer wieder an die FREEZE-FRAME-Methode zu erinnern. Machen Sie ein Abenteuer daraus, und vergleichen Sie Ihre Erfahrungen. Wie fühlt es sich an, sein Leben selbst in die Hand zu nehmen?

Wenn Sie sich über die gewonnenen Einsichten miteinander austauschen, bauen Sie Respekt und Verständnis füreinander auf und vertiefen das Band der Freundschaft. Mein erstes Buch, *Kopf oder Herz?* schrieb ich frisch von der Leber weg in einem saloppen Stil, mit dem Teenager etwas anfangen können. Darin geht es um Situationen, in die Jugendliche immer wieder geraten. Beispielsweise beschreibe ich, wie man mit Druck von Altersgenossen umgeht, die Schule bewältigt, Beziehungsprobleme löst, von Herzen kommuniziert und herausfindet, wer man wirklich ist. Das Buch soll Jugendlichen helfen, sich selbst und ihre Eltern besser zu verstehen, und das Band zwischen ihnen und Erwachsenen stärken.

Ein Vierzehnjähriger mit Herzintelligenz trifft gute Entscheidungen. Er definiert sich nicht mehr über die Familie, von daher gibt es zahlreiche Meinungsverschiedenheiten. Eltern, die mit dem Herzen zuhören, sind in der Lage, mit ihren Kindern zu kommunizieren. Vierzehnjährige sind ganz erpicht darauf, sich auszudrücken und Dinge in Worte zu fassen. Sie führen ein höchst aktives Leben, und oft sind sie lieber mit Freunden statt mit Erwachsenen zusammen. Trotzdem brauchen sie einen sicheren Ort, an den sie sich zurückziehen können. Eltern mit Herzintelligenz müssen ihren superaktiven Vierzehnjährigen helfen, eine gewisse Harmonie in ihr Leben zu bringen.

Fünfzehn- bis Neunzehnjährige

Die alarmierenden Fakten und Zahlen, die über Jugendliche kursieren, sagen uns, dass irgendetwas eine außerordentliche Herausforderung für sie darstellen muss. Diejenigen, die keine tiefen Bindungen an für sie wichtige Erwachsene haben, suchen natürlich die Gesellschaft Gleichaltriger. Doch ihre Altersgenossen stecken in derselben Klemme, daher gelangen sie nicht zu reifen Einsichten. Jugendliche, die einen sicheren Standpunkt haben und sich auf die Erwachsenen, die in ihrem Leben eine Rolle spielen, verlassen können, sind dem ungesunden „Teen-Impuls" spürbar weniger ausgeliefert. Im Alter zwischen fünfzehn und neunzehn erleben Jugendliche neue Höhen und Tiefen und durchlaufen manche Lernschleife.

Wie schon erwähnt, ist es gegenwärtig unter Teenagern Mode, übergroße Hosen zu tragen, die so weit sind, dass sie oft herunterrutschen. Ein mir bekannter Vater fand es abstoßend, dass sein Sohn sich ständig die Hose hochziehen musste oder o-beinig daherkam, damit sie ihm nicht bis zu den Knien rutschte. Er befürchtete, sein Sohn könne sich dadurch einen Hüftschaden zuziehen. Der Junge weigerte sich, andere Hosen zu tragen, weil „coole Typen sich so kleiden". Der Vater befürchtete, durch Nachgeben weiteren „Verschönerungen" Vorschub zu leisten: Ohrringen, Tätowierungen oder einer Punkfrisur. Schließlich sagte ihm sein Herz, dass er dem Jungen auf halbem Weg entgegenkommen solle.

Er kaufte ihm einen Gürtel, so dass er seine weiten Hosen tragen konnte, ohne dass sie ständig rutschten.

Eltern müssen versuchen, ihren Jugendlichen auf halbem Weg entgegenzukommen; in deren Leben geht es ständig auf und ab, helfen Sie ihnen daher, bei Laune zu bleiben.

Sechzehnjährige sind entspannter und fühlen sich selbstsicherer als Fünfzehnjährige. Sind diese noch auf das Nehmen fixiert, beginnen jene bereits zu geben, sich um andere und die Familie zu kümmern. Sie wünschen sich harmonische Beziehungen und wissen zu schätzen, was man ihnen gibt. Ein Sechzehnjähriger, auf Englisch treffend „sweet sixteen" genannt, kann freundlich und positiv eingestellt sein, ein Mensch, mit dem Sie sich gern unterhalten. Sechzehnjährige überschreiten die Schwelle, die sie von Reife und Selbstsicherheit trennte. Sie können sogar verstehen, unter welchem Stress Erwachsene leiden, und Mitgefühl mit ihnen entwickeln. Und doch sind Sie überhaupt noch nicht erwachsen; noch immer brauchen sie Anleitung durch die Eltern.

Die DNS legt programmatisch fest, dass ein Kind von Entwicklungsstufe zu Entwicklungsstufe darauf vorbereitet wird, zu einem Mitglied der Gesellschaft zu werden, das die Naturgesetze und die Lebensprinzipien versteht. Wenn sie sich dem Alter von 17, 18, 19 Jahren nähern, sind sich Teenager ihrer Identität sicherer als vorher. Ihre Emotionen stabilisieren sich, hormonelle Schwankungen lassen nach. Sie können ihre Gefühle besser in Worte fassen, und ihr Lebensgefühl wird immer positiver. Wachsende Selbstsicherheit und steigendes Selbstvertrauen bringen ihnen zunehmende Erfüllung. Die Eltern können mit ihnen kommunizieren und haben häufig den Status von Freunden – und umgekehrt. Mit den HEART-MATH – HERZINTELLIGENZ-Techniken können Eltern und Kinder Probleme gemeinsam lösen und machbare Lösungen finden. Die Herzintelligenz verleiht dem jugendlichen Geist Flügel. Das Ich verlässt sich auf seine eigene Stärke. Die Familie erzeugt und nährt die Sicherheit, die Jugendliche in ihrem Herzen finden. Diese Selbstsicherheit ist das Gefühl, in sich selbst zu Hause zu sein. El-

tern und Kinder mit Herzintelligenz führen ein erfülltes und aus-
geglichenes Leben. Vom Ende der Pubertät bis zum Erwachsenen-
alter vermittelt die DNS-Matrize, dass es Zeit ist, sich bei der Bewältigung von Herausforderungen auf den eigenen gesunden Menschenverstand zu verlassen. Die Frage lautet: Sind die
Jugendlichen darauf vorbereitet?

Schlusswort

Wenn Eltern täglich die HEARTMATH – HERZINTELLIGENZ-Techniken praktizieren und genau wie das Waschen, Zähneputzen oder das Kochen gesunder Mahlzeiten zu einem festen Bestandteil ihres Lebens machen, sind diese für Kinder etwas ganz Selbstverständliches. Stress und Angstzustände sind nicht gesund oder „normal", obwohl manche das glauben, weil Stress zur gesellschaftlichen Norm geworden ist. Selbst Erwachsene, die es für normal halten, mit einem Übermaß an Stress zu leben, wollen nicht, dass ihre Kinder ein stressiges Leben führen. Sie wollen vielmehr, dass die Kinder, seien sie nun fünf oder 50 Jahre alt, glücklich sind.

Kinder mit Herzintelligenz sind fähig zu Erkenntnissen und finden Lösungen für Probleme. Sie profitieren davon, auf ihre eigene Stärke bauen zu können. Es gibt wirklich Hoffnung. Jeder hat die Wahl. Ob es sich nun um Probleme mit Eltern, Freunden oder Denkprobleme handelt, die aufsteigen und sich festsetzen – jedem steht es frei, die Dinge so oder so zu sehen. Der Standpunkt, den man in einem solchen Augenblick einnimmt, hat Einfluss darauf, welche Richtung man einschlägt. Wahrnehmungen und Gefühle summieren sich zu der Wahrheit, die man in diesem Augenblick erlebt.

Es ist wichtig, zu begreifen, dass ein Kind sich ständig verändert. Kein Kind entwickelt sich stets den Wünschen der Eltern gemäß. Denken Sie daran, dass Intuition die Fähigkeit ist, in die Dinge hineinzusehen, sie so umfassend wie möglich zu betrachten. Stärken Sie Ihren Herzmuskel, indem Sie die HEARTMATH – HERZINTELLIGENZ in nur geringfügig belastenden Stress-Situationen üben. Das bereitet Sie auf den Umgang mit schwierigeren Problemen vor.

Da während des globalen Paradigmenwechsels der Stress überall zunimmt, ist es so wichtig, dass Eltern die Verantwortung für ihr eigenes Wohlergehen übernehmen. Sorgen Sie gut für sich selbst.

Wenden Sie die Ratschläge, die Sie Ihren Kindern geben würden, damit sie glücklich werden und sich von Frustrationen, Sorgen, Angstzuständen, Zorn und Stress befreien können, auch auf sich selbst an.

Immer dem Herzen nach möchte allen Schutz gewähren, auch Ihnen. Die HEARTMATH – HERZINTELLIGENZ-Methode ist wissenschaftlich fundiert und hält den Geist eines Kindes lebendig, sodass es das Leben als das großartige Abenteuer sehen kann, das es ist. Bei der Anwendung der HEARTMATH – HERZINTELLIGENZ-Techniken kommt es darauf an, beharrlich bei der Sache zu bleiben. Wenn Eltern ihrer Vorbildrolle nachkommen und die Methode konsequent anwenden, um emotional im Gleichgewicht zu bleiben und neue Perspektiven zu finden, dann folgen die Kinder diesem Beispiel und finden mit der Zeit zu ihrer eigenen Stärke. Das bedeutet nicht, dass sie immer ausgeglichen sind und niemals Schwierigkeiten machen – beides gehört zum Erwachsenwerden. Wenn Kinder mit keinerlei Herausforderungen konfrontiert würden, könnten sie sich nicht auf das Leben einstellen. Ich möchte ihnen zeigen, wie man diesen Herausforderungen mit dem Herzen begegnen kann mit Kraft und Mut statt mit Angst und Verzweiflung.

Wie schon erwähnt, brauchen Kinder wirklich das Gefühl, dass ihre Eltern ein offenes Ohr für sie haben und ihnen Verständnis entgegenbringen. Der starke „Teen-Impuls" verleitet viele Kinder dazu, die Werte der Erwachsenen abzulehnen, sich Cliquen anzuschließen oder selbstzerstörerisch zu handeln. Denken Sie daran, dass es heute viel zu wenige erwachsene Vorbilder gibt, die den Kindern zeigen, wie man die Herausforderungen des Lebens meistert, ohne aus dem Gleichgewicht zu geraten. Wie schon mehrfach erwähnt, besteht das größte Problem nach Meinung der Kinder darin, dass „die Erwachsenen nicht zuhören". Mit HEARTMATH – HERZINTELLIGENZ lernen Sie, Kindern zuzuhören und sie zu verstehen. Wenn Sie Ihr Kind wirklich lieben, werden Sie ihm zuhören und es umsorgen und gleichzeitig feste Verhaltensmaßregeln setzen.

Kinder zu erziehen kann eine sehr schwierige Aufgabe sein. Viele Eltern, die keinen Zugang mehr zu ihrem Herzen haben, geben auf, sind erschöpft, lassen die Kinder ihrer Wege gehen und kümmern sich nicht mehr um sie. Eltern bereiten ihr Kind auf das Leben vor, und im Leben gibt es gewisse Gesetze. Es gibt physikalische Gesetze über die Bewegung und die Beziehung zwischen Materie und Energie. Und es gibt Verhaltensmaßregeln, die die Beziehungen zwischen Menschen regeln.

Überraschend viele schwierige und problematische Kinder entwickeln sich zu glücklichen, erfolgreichen Erwachsenen. Ein junger Bekannter von mir steuerte auf ein Leben voller Schwierigkeiten zu. Begonnen hatte alles, als er neun Jahre alt war und einige ältere Nachbarsjungen in ein Haus einbrechen wollten, um Whiskey zu stehlen. Die Hausbesitzer waren verreist. Die Diebe brauchten einen kleinen „Scout", der durch ein Fenster einsteigen sollte. Mein Bekannter tat ihnen den Gefallen. Einer der älteren Jungen gab mit diesem Streich vor seiner Schwester an, und sie informierte ihre Eltern. Noch am selben Abend erfuhren die Eltern meines Bekannten von seiner Missetat. Als die Nachbarn aus den Ferien zurückkamen, musste der Junge ihnen den Diebstahl gestehen. Danach brach er nie wieder in fremde Häuser ein und schämte sich jahrelang, wenn er den Nachbarn begegnete. Mit 15 Jahren hatte er ein miserables Zeugnis, trank Alkohol und geriet in allerlei Schwierigkeiten. Deshalb drohten seine Eltern ihm an, ihn auf eine streng geführte Militärschule zu schicken. Diese Aussicht ließ ihn einsehen, dass sein Leben nirgendwohin führte, und er merkte, dass er sich ändern musste. Er konzentrierte sich darauf, sein musikalisches Talent zu entwickeln, und besuchte das College. Inzwischen ist dieser einst problematische Jugendliche Verlagschef und ein prominenter Redner zum Thema „Stressabbau im Geschäftsleben und beim Militär".

Forschungen weisen darauf hin, dass erfolgreiche Erwachsene, die eine schwierige Kindheit hatten oder aus problematischen Verhältnissen kommen, eine Erfahrung gemeinsam haben – sie alle hatten erwachsene Vorbilder, an die sie sich halten konnten. Als

Folge davon entwickelten sie eine starke kreative Flexibilität. Kinder mit dieser Flexibilität unterscheiden sich von anderen in erster Linie durch die Haltung, die sie gegenüber den Ereignissen, die ihnen widerfahren, einnehmen.

Umsichtige Eltern bringen allen Kindern, die ihnen begegnen oder mit denen sie etwas zu tun haben, Sympathie entgegen – denn in diesen Augenblicken befinden die Kinder sich in ihrer Obhut. Es ist an der Zeit, dass die Leute sich innerhalb der Familien und in den Gemeinden zusammenschließen. Viele Schulen und Städte sind in dieser Richtung aktiv, aber allzu häufig bedarf es einer Krise, um Menschen zusammenzuführen. Bis dahin wissen viele Nachbarn nicht, wer nebenan wohnt. In einer Krise entsteht bei ihnen das Gefühl, mit den andern im selben Boot zu sitzen, aber sie brauchen Hilfe, um dieses Gefühl aufrechtzuerhalten.

Gemeinschaft beginnt zu Hause. Sie beginnt damit, dass man verstehen lernt, wie die Mitglieder der eigenen Familie sich, andere Menschen, Probleme und das Leben sehen. Wenn Sie den Anleitungen dieses Buches folgen, werden Sie entdecken, wie Sie Kommunikationslücken, wann immer sie sich auftun, durch Vernunft und intuitives Verständnis überbrücken oder ihre Entstehung verhindern können. Sie werden sich Zeit nehmen für Ihre Kinder und das Kind in sich wieder entdecken. Sie werden Kinder aller Altersstufen verstehen, mit deren Augen sehen lernen und so immer einen Schritt voraus sein. Ich hoffe aufrichtig, dass Sie sich immer öfter auf Ihr Herz besinnen und das Leben mit Ihren Kindern immer mehr genießen werden. Ich hoffe, dass die Stressphasen immer kürzer und seltener werden. Denken Sie daran: Alles beginnt damit, dass Sie mit den Augen Ihres Kindes sehen lernen.

Anhang

Anmerkungen

1 Neufeldt, V. (Hg.) (1993): *Webster's New World Dictionary*, 3rd college ed., New York: Prentice Hall.

2 McCraty, R. / Atkinson, M. / Tiller, W. A. (1995): „New electrophysiological correlates associated with intentional heart focus." In: *Subtle Energies* 4(3): 251–262.

3 McClelland, D. C. (1986): „Some Reflections on two psychologies of love." In: *Journal of Personality* 54 (2): 334–353.

4 Ironson, G., et al. (1992): „Effects of anger on left ventricular ejection fraction in coronary artery disease." In: *American Journal of Cardiology* 70(3): 281–285.

5 Rein, G. / McCraty, R. M. (1994): „Long term effects of compassion on salivary IgA." In: *Psychosomatic Medicine* 56 (2): 171–172.

6 Zachariae, R. (1991): „Monocyte chemotactic activity in sera after hypnotically induced emotional states." In: *Scandinavian Journal of Immunology* 34 (1): 71–79-

7 Pearce, J. C. (1992): *Evolution's End: Claiming the Potential of Our Intelligence.* San Francisco: Harper Collins. Dt.: *Der nächste Schritt der Menschheit: die Entfaltung des menschlichen Potentials aus neurobiologischer Sicht.* Freiamt: Arbor-Verlag, 1994.

8 McCraty, R. / Atkinson, M., et al. (1996): „The effects of emotions on short term heart rate variability using power spectrum analysis." In: *American Journal of Cardiology* 76: 1089–1093.

9 McCraty, R. / Tiller, W. A., et al. (1995): „Head-Heart-Entrainment: A preliminary survey." In: *Integrating the Science and Art of Energy Medicine.* Boulder Creek, Colorado, ISSSEEM.

10 Shimony, A. (1988): „The Reality of the Quantum World." In: *Scientific American* 258 (1): 46–48.

11 Burrows, G. (1994): „Stress and the Professional." In: *Seventh International Montreux Congress on Stress*, Montreux: American Institute of Stress.

12 Eadie, B. J. (1992): *Embraced by the Light*. Placerville, CA: Gold Leaf Press. Dt.: *Licht am Ende des Lebens: Bericht einer außergewöhnlichen Nah-Todeserfahrung*. München: Droemer Knaur, ⁵1995.

13 Siegler, I., et al. (1992): „Hostility During Late Adolescence Predicts Coronary Risk Factors at Mid-life. In: *Am J Epidemiol* 136 (2): 146–154.

Über den Autor

Doc Childre ist Autor, Komponist und Pionier im Bereich Selbst-
stärkung und Stressmanagement. Er gründete 1990 das Institut für
HeartMath (IHM) im kalifornischen Boulder Creek. Im IHM
wurde das HEARTMATH-System entwickelt; es will in einem einfa-
chen, allgemein zugänglichen Rahmen Möglichkeiten anbieten, mit
denen man augenblicklich Stress lindern und ein größeres Maß an
Klarheit und Zielstrebigkeit erreichen kann.

Das IHM bietet eine Vielzahl von Schulungsprogrammen für
Bildungsorganisationen, für Firmen sowie für Menschen, die in
Heil- und Pflegeberufen, in der Verwaltung oder in kirchlichen
Gruppen tätig sind.

Doc Childre hat weitere Materialien entwickelt, mit denen man
das Gelernte festigen und seine Erfahrung der Herzintelligenz vertiefen kann:

- *Die Herzintelligenz entdecken. Das Sofortprogramm in fünf
Schritten*
Dies ist das Grundlagenbuch zum Kennenlernen des HEART-
MATH-Systems.

- *Heart Zones. Musik zur Förderung der Herzintelligenz*
Dies ist eine besondere Designerinstrumentalmusik, die Doc
Childre entwickelte, um das Gleichgewicht des autonomen
Nervensystems und die Kommunikation zwischen Herz und
Gehirn zu verbessern. Diese Musik kann als Hintergrundmusik
bei jeder Gelegenheit gehört werden, unterstützt aber auch das
Üben des FREEZE-FRAME-Fünfschritts. Erhältlich als MC oder
CD (deutsche Version bei VAK – über den Buchhandel).

- *Forschungsberichte zur HerzIntelligenz-Methode*
Seit Jahren wird die Methode wissenschaftlich ausgewertet. In-
teressierte können die Forschungsberichte direkt beim Verlag
bestellen.

- *Die Herzintelligenz entdecken. Das Sofortprogramm bei Streß.*
  Das Basisprogramm
  Dieses Basisprogramm umfasst das Buch *Die Herzintelligenz*
  entdecken, die MC *Heart Zones* und das *Arbeitsheft* zum Üben
  der FREEZE-FRAME-Technik. Es ist als Set gedacht für Menschen, die intensiv einsteigen wollen. (Das Set gibt es direkt
  beim Verlag VAK.)

Beim Verlag können Sie sich gerne über weitere Bücher und Materialien der Reihe HEARTMATH – HERZINTELLIGENZ sowie über
eventuelle Seminarangebote informieren. Einen kostenlosen Ge-
samtprospekt erhalten Sie bei: VAK Verlags GmbH, Eschbachstraße 5, D-79199 Kirchzarten bei Freiburg, Fax 0 76 61-98 71 99.

Über weitere, englischsprachige Bücher und Hintergrundinforma-
tionen sowie Fortbildungsmöglichkeiten informieren Sie sich bitte
direkt beim amerikanischen Originalverlag *Planetary* oder beim
HeartMath-Institut:

http://www.heartmath.org

http://www.heartmath.com

http://www.planetarypub.com

Weitere Bücher von Doc Childre
(zum Teil bereits in Deutsch bei VAK erschienen)

- *Kannst du mit dem Herzen sehen? Mit Kindern die Herzintelli-*
  genz entdecken. 77 Spiele
  Ein Buch, das viele spielerische Anregungen gibt, HeartMath
  mit Kindern anzuwenden.

- *Kopf oder Herz? Lifeguide für Teens*
  Ein Buch, das Jugendlichen zeigt, wie sie die Herausforderungen ihres Lebens meistern, indem sie Kopf und Herz in Einklang bringen und ihrer inneren Stimme vertrauen.

- *Vom Chaos zur Kohärenz. Herzintelligenz im Unternehmen*
  Das Buch zeigt, wie man im Berufsleben mit *Inner Quality Management* Erfolg hat und den Weg aus der Stress-Schraube findet.

- *Cut-Thru: How to Care Without Becoming a Victim*
  CUT-THRU ist eine weitere HEARTMATH-Methode. Sie hat zum Ziel, unsere Gedanken- und Gefühlswelt emotional in den Griff zu bekommen. Zu diesem Buch gibt es die MC/CD *Speed of Balance* sowie ein *Basisprogramm* (Buch, MC und Begleitheft zum Üben).

- *Self Empowerment: The Heart Approach to Stress Management*
  Die HEARTMATH-Methoden werden hier auf das Selbstmanagement angewendet.

Über die Mitarbeiter

Sara Hatch Paddison

Sara Paddison brachte all ihre Erfahrung als Autorin, Mutter und Mitarbeiterin von Doc Childre sowie das psychologische und pädagogische Wissen, das sie an der East Carolina University erworben hat, in ihre Arbeit an *Immer dem Herzen nach* ein. Sie ist Vizepräsidentin und Leiterin der Finanzabteilung des gemeinnützigen *Institute of HeartMath* (IHM) und Autorin des Buches *The Hidden Power of the Heart*, auf dem die erfolgreichen Heart-Empowerment-Seminare des IHM basieren und das inzwischen in der dritten Auflage vorliegt. In *The Hidden Power of the Heart* erzählt Sara, wie sie selbst sich durch die Anwendung von HEART-MATH – HERZINTELLIGENZ veränderte.

Dr. Deborah Rozman

Die Psychologin, Autorin und IHM-Abteilungsleiterin Deborah Rozman ist vielleicht am ehesten für ihre Buchklassiker für Kinder, Pädagogen und Eltern bekannt. Dazu gehören *Meditating With Children*. Sie ist eine führende Erziehungspsychologin und Gründerin einer erfolgreichen neuen Schule, die sich darauf spezialisiert hat, Kreativität und Intuition bei Kindern zu fördern. Sie entwickelt und präsentiert die IHM-Programme in den USA und Kanada und ist häufig Hauptreferentin bei Veranstaltungen.

Bruce Cryer

Bruce Cryer ist Herausgeber von Doc Childres *FREEZE-FRAME: Fast Action Stress Relief, A Scientifically Proven Technique.* Als Leiter der Presse- und Öffentlichkeitsabteilung des IHM entwickelt er Übungsprogramme für die Anwendung von FREEZE-FRAME® und *Inner Quality Management* zur Aktivierung von

Fürsorglichkeit, Effektivität und Produktivität im Geschäftsleben. Außerdem ist er Vater und schreibt Kindergeschichten.

Doc Childre:

Die Herzintelligenz entdecken

Das Sofortprogramm in fünf Schritten

Reihe: HEARTMATH - HERZINTELLIGENZ

Stress - auch der so genannte negative Stress - gehört zum modernen Alltag. Die Auswirkungen für Herz und Gemüt sind enorm. Der Autor Childre hat eine Intelligenz entdeckt, die Soforthilfe ermöglicht: die Herzintelligenz.

Möglicherweise gehören auch Sie zu den Menschen, denen nach der Lektüre von *Die Herzintelligenz entdecken. Das Sofortprogramm in fünf Schritten* ein Stein vom Herzen fällt.

1999, 194 S., 15 Abb. sowie zahlreiche Listen und Tabellen, Paperback (15 x 21,5 cm), 29,80 DM / 27,50 sFr / 218,– öS, ISBN 3-932098-49-8

Doc Childre:

Kopf oder Herz?

Lifeguide für Teens

Das Erwachsenwerden ist für Jugendliche von heute eine stressige Angelegenheit: Emotionale Wechselbäder, Konflikte, schulische oder berufliche Herausforderungen bestimmen ihr Leben und verunsichern sie bei dem Versuch, ihren Platz zu finden.

Dieses Buch zeigt, wie solche Herausforderungen zu meistern sind: indem man Kopf und Herz in Einklang bringt, seiner inneren Stimme vertraut und mit anderen „von Herz zu Herz" kommunizieren lernt.

2000, 152 S., 13 Illustr. , Paperback (15 x 21,5 cm), 24,80 DM / 20,– sFr / 161,– öS, ISBN 3-932098-64-1

Lauren Bradway, Barbara Albers Hill:

Lernen wie von selbst

Wahrnehmungsstile fördern. Spiele, Materialien und Ideen für Kinder jeden Alters

Kinder verfügen - oft schon von Geburt an - über ausgeprägte, höchst individuelle Wahrnehmungsstile. Die Autorinnen - beide praktizierende Kinderpsychologinnen - stellen dar, wie Sie Ihr Kind so fördern können, dass ihm all seine Wahrnehmungskanäle im vollen Umfang zur Verfügung stehen. *Lernen wie von selbst* ist ein unterhaltsamer Forschungsbericht für Eltern - mit übersichtlichen Typenzuordnungen für alle Altersstufen sowie mit ausführlichen Materialangaben und Spielempfehlungen.

1997, 350 S., Paperback (15 x 21,5 cm), 39,80 DM/37,– sFr/291– öS, ISBN 3-932098-00-5

Dawna Markowa:
Wie Kinder lernen
Eine Entdeckungsreise für Eltern und Lehrer

Markova legt eine differenzierte Darstellung vor, in der sie Eltern und Lehrer zur Selbstreflexion einlädt. Durch eine gelungene Lerntypologie zeigt sie Möglichkeiten auf, die Eigenheiten der Kinder zuzulassen und zu fördern.

Unterhaltsame Beispiele aus der Praxis und klar strukturiertes Anschauungsmaterial machen Ihnen die Lektüre zu einer Entdeckungsreise.

2. Aufl. 1997, 164 S., Paperback (13 x 20,5 cm), 36,– DM / 33,– sFr / 263,– öS, ISBN 3-924077-84-3

Andrew Matthews:
Tu, was dir am Herzen liegt

„Bei dem Versuch, es allen recht zu machen, können Sie sich völlig verausgaben, und am Ende mögen die anderen Sie doch nicht, und Sie wissen nicht mehr, wer Sie eigentlich sind. Letztendlich können Sie sich nur auf Ihre innere Stimme verlassen – mit anderen Worten: Gehen Sie Ihrem Herzen nach!"
(Andrew Matthews)

148 S., 77 Illustrationen des Autors, Paperback (18 x 24,5 cm), 29,80 DM/27,50 sFr/218,– öS, ISBN 3-932098-39-0

*Das **IAK Institut für Angewandte Kinesiologie GmbH, Freiburg,** veranstaltet laufend Kurse in Touch For Health (Gesund durch Berühren), in Edu-Kinestetik, in Entwicklungskinesiologie und in vielen anderen Bereichen der Angewandten Kinesiologie. Dank enger persönlicher Kontakte zu den Pionieren der AK ist das Institut in der Lage, ständig die neuesten Entwicklungen auf diesem Gebiet zu präsentieren.*

Außerdem fördert das Institut die Verbreitung der Angewandten Kinesiologie im deutschsprachigen Raum durch Literaturempfehlungen und Adressenvermittlung.

Wer an der Arbeit des Instituts interessiert ist, kann kostenlose Unterlagen anfordern bei (bitte mit 3,– DM frankierten Rückumschlag beilegen):

IAK Institut für Angewandte Kinesiologie GmbH, Freiburg
Eschbachstraße 5, D-79199 Kirchzarten, Telefon 076 61-98 71 0, Telefax 076 61-98 71 49